Augenblick mal!

Susanne Breit-Keßler (Hg.)

Augenblick mal!

Sieben Wochen ohne Sofort

DER BEGLEITER DURCH DIE FASTENZEIT

edition✛chrismon

Fotonachweise: Titelfoto: Verena Brüning
S. 9: Moni Höfler – www.monikahoefler.com
S. 25: Ina Schoenenburg – www.inaschoenenburg.de
S. 43: Frank Schinski – www.frankschinski.de
S. 61: Norman Konrad – www.normankonrad.de
S. 77: Verena Brüning – www.verenabruening.de
S. 97: Max Brunnert – www.maxbrunnert.de
S. 111: Katharina Dubno – www.katharinadubno.de

Bibliographische Information der Deutschen
Nationalbibliothek: Die Deutsche Nationalbibliothek
verzeichnet diese Publikation in der Deutschen
Nationalbibliographie; detaillierte bibliographische
Daten sind im Internet über http://dnb.dnb.de
abrufbar.

© 2016 by edition chrismon in der Evangelischen
Verlagsanstalt GmbH, Leipzig
Printed in Germany

Das Buch wurde auf alterungsbeständigem Papier
gedruckt.

Cover und Layoutentwurf: Anja Haß, Frankfurt
am Main
Satz: Formenorm, Friederike Arndt, Leipzig
Druck und Binden: BELTZ Bad Langensalza GmbH

ISBN 978-3-96038-015-3
www.eva-leipzig.de

Inhalt

Vorwort

Susanne Breit-Keßler

Liebe Leserinnen und Leser,

„Aber zackig!" war eines der Lieblingskommandos meiner Eltern. Wenn ich widerständig murmelte „gleeeiiiiiich", kam postwendend die Antwort: „Nicht gleich, sondern sofort." Das geht einem in Fleisch und Blut über. Und dann, Jahrzehnte später, ist der Mensch von Herzen dankbar für das Motto der neuen Fastenaktion: „Augenblick mal! Sieben Wochen ohne Sofort".

Natürlich will und soll vieles sofort gemacht werden. Notwendige und unangenehme Arbeiten aufzuschieben, statt sie zu erledigen, kann einen in mancherlei Kalamitäten bringen. Aber nachzudenken, sich mit anderen zu beraten, abzuwarten, sich mit anderem zu beschäftigen, ist nicht nur schlecht. Wer innehält, der merkt: Der Heilige Geist lässt sich nicht hetzen.

Manchmal will er, dass wir uns und anderen einen Augenblick gönnen: einen des Nachdenkens, des

Schweigens, des Hörens oder des Fragens. Augenblick mal – wer nicht alles sofort macht, nicht immer stante pede reagiert, der ist ein zufriedenerer Mensch, der andere obendrein froh macht. Warum? Weil so jemand sorgsam überlegt und mit Bedacht entscheidet. Augenblick mal – lassen Sie sich also ruhig Zeit beim Lesen …

Viel Freude beim Schmökern!

Susanne Breit-Keßler

Alles hat seine Zeit / 1

Alles hat seine Zeit

Susanne Breit-Keßler

BIBLISCHE MINIATUR
ZU PRED 3,1–4

Ein Flughafen. Man kann beobachten, sich anstecken lassen vom Reisefieber oder sich den Hauch ferner Städte und Länder um die Nase wehen lassen. Urlauber verabschieden sich von Bekannten, sie fliegen gut gelaunt in die Ferien. Ausländische Mitbürger schieben Berge von Gepäck vor sich her – Familienangehörige in der Türkei oder in Griechenland werden reich und liebevoll beschenkt.

Eine Mutter beendet den Besuch bei ihren erwachsenen Kindern, sie geht mit versteckten Tränen durch die Sicherheitskontrolle. Ein junger Mann verabschiedet sich von seinen Freunden. Die Trennung fällt allen Beteiligten schwer. Andere stehen wartend da und schauen unruhig auf Türen, die sich öffnen und schließen. Ein Flieger wird auf der Tafel angekündigt – Bewegung kommt in die Wartenden.

Sie recken die Köpfe, halten Ausschau nach einem vertrauten Gesicht. Eine Frau beginnt zu winken, das Kind an ihrer Seite drückt vor Aufregung fest ihre Hand. Noch ein paar Schritte, dann haben sie sich gefunden – die, die gewartet haben, und die Erwarteten. Flughäfen, Bahnhöfe, das sind Sinnbilder für Kommen und Gehen, Sehnen und Hoffen. Für Zeit, die verstreicht. Zeit, die angefüllt ist mit Gedanken und Fantasien.

> **Manches läuft ganz anders ab, als wir es uns gedacht haben.**

Wir machen Pläne und malen uns aus, was in Zukunft sein wird. Aber wir müssen auch immer wieder Abschied nehmen: von Wünschen und Ideen, von einer vertrauten Umgebung und freundlichen Nachbarn, von beruflichen Aufgaben, von einem Menschen, den wir lieben. Manches läuft ganz anders ab, als wir es uns gedacht haben. Warten, hoffen, sich verabschieden.

„Alles hat seine Zeit", sagt der Prediger im Alten Testament (Pred 3,1).

Weinen und traurig sein, wenn man auseinander geht oder etwas aufgeben muss. Lachen und tanzen vor Freude, wenn Schönes bevorsteht. Alles hat seine Zeit. Alles hat seine Zeit – auch ohne unseren Einfluss: „Wir können nicht ergründen, das Werk, das Gott tut, weder Anfang noch Ende" (Pred 3,11).

Die Konsequenz, die der Prediger zieht, ist: fröhlich sein, wenn es Anlass dazu gibt, jede Stunde und Minute als kostbares Geschenk betrachten. „Die Zeit ist keine Schnellstraße zwischen Wiege und Grab, sondern Platz zum Parken in der Sonne", sagt Phil Bosmans. Kleine und große Freuden des Alltags sind wichtig, um daraus Kraft zu schöpfen für eine Zeit, in der es schwerfällt zu leben und glücklich zu sein.

Anfang und Ende dessen, was mit uns geschieht, können wir nicht durchschauen. Deshalb ist es wirklich geistreich, froh und heiter zu sein, wann immer es geht. Dazu passt ein Wort aus dem Neuen Testament: „Ich bin das A und das O, der Anfang und das Ende, spricht Gott der Herr, der da ist und der da war und der da kommt, der Allmächtige" (Offb 1,8). Bei ihm haben wir alle Zeit der Welt.

DAS LETZTE FESTESSEN

Leben hat seine Zeit, sterben hat seine Zeit. Leben und sterben — das eine nicht ohne das andere. In der Passionszeit ist es gut, sich dafür Zeit zu nehmen und zu lernen, dass das Sterben, das Abschiednehmen zum Leben dazugehört.

Ein wundervoller Film erzählt davon. Er trägt den spanischen Titel „La Muerte": Iris, eine Frau Anfang fünfzig, trug schwarze Kleider. Sie war unheilbar krank. Ihr blieb nur noch wenig Zeit. Sie war allein, hatte keine Familie mehr. Eigentlich war ihr außer ein großer Reichtum, den sie sich ihr Leben lang erarbeitet hat, nichts geblieben. Sie wird sterben. Von ihrem Arzt bekam sie ein Medikament, um selbst mitbestimmen zu können, wann sie geht. So begann sie, ihr Gehen zu planen. Und sie dachte sich etwas ganz Besonderes aus. Ihre Klassenkameradinnen von damals — über dreißig Jahre war es her — hatte sie nie wieder gesehen. Damals war die Klasse trotz all der kleinen Sticheleien eine eingeschworere Gemeinschaft.

Sie lud ihre alte Klasse zu einem Fest in ein Landhotel ein. Sie bezahlte alles. Wichtig war ihr, das alle kamen — mit ihren Ecken und Kanten, mit ihren Schrulligkeiten und Liebenswürdigkeiten. Keiner wusste, warum sie eingeladen waren, und sie ahnten nichts von Iris' Vorhaben. Und so trafen sie sich wieder. Am Abend dann lud Iris zum Festessen. Alle hatten sich schön angezogen. Feierlich war es. Sie erzählten. Es war ein schöner Beginn. Und dann erhob sich

Iris – ein rotes Kleid trug sie jetzt. Sie sprach zu ihren Klassenkameradinnen. Und dann kam es heraus: Sie hatte sie eingeladen, weil ihre Klassenkameradinnen in ihren Augen die Einzigen waren, die sie noch hatte. Sie waren ihre Freundinnen, ihre Familie. Und sie wollte beim Sterben nicht allein sein. Ein Schreck durchfuhr alle: Das kann ich nicht! Aber Iris braucht uns. Das ist eine Zumutung! Unerhört! Unfassbar! Ein Wahnsinn: Plötzlich – von einem Moment zum anderen – waren sie mit dem Tod konfrontiert, la muerte.

Iris ging auf ihr Zimmer. Sie bereitete sich vor und überließ ihren Freundinnen die Entscheidung, zu gehen oder zu bleiben. Sie waren hin- und hergerissen. Bis sie schließlich erkannten: Das Sterben von Iris brachte sie einander näher und veränderte sie. Und sie spürten neues Leben, trotz des nahen Todes von Iris. Schließlich waren alle dabei, als Iris starb, eine solidarische Gemeinschaft des Trostes.

Alles hat seine Zeit: Leben hat seine Zeit, sterben hat seine Zeit ...

Wie schwer ist es, diese Wahrheit auszuhalten? Wie schwer ist es zu erleben, dass nach dem Tod ein neues Leben beginnt – nicht nur für den, der geht? Wie schwer ist diese Wahrheit auszuhalten, die Christus für uns gelebt hat. Er lebte für uns. Er starb für uns, um neues Leben zu ermöglichen. Ein Leben, das sich befreit von all dem, was einen erdrückt und belastet; ein Leben, das frei wird, um zu dienen; ein Leben, das sich erhebt gegen alles, was uns im Tod hält.

Enno Haaks

ALLES

Nun ist sie tot.
Die Zeit steht still.
Mit ihr ist etwas in mir gestorben.
Für einen Teil von mir war sie die Liebe in Person.
Für einen anderen ein Scheusal.
Eine Stimme seufzt: „Endlich!"
Eine andere: „Ich kann nicht ohne sie."

Sie hat oft gesagt: „Jetzt ist Schluss!"
Doch Gott sagt, wann Schluss ist.

Es ist mir ein tiefer Trost,
dass alles dazugehört,
nichts verschwiegen werden muss:
leben und sterben,
lieben und hassen,
weinen und tanzen – alles.

Alles hat einen Anfang und ein Ende
und ist vorläufig.
Gott sei Dank!

Und nicht nur dies:
Gott hat alles schön gemacht zu SEINER Zeit –
was für eine Zumutung?

Er hat die Ewigkeit in ihr Herz gelegt – was für ein Friede?
Mit meinem Gott kann ich über Mauern springen,
auch über die Mauer der Zeit.

An der Schwelle der Zeit merke ich,
dass ich vieles nicht ändern kann.
Gott, hab Dank für die Liebe, die ich habe erfahren dürfen.
Vergib mir, wo ich anderen und mir selbst etwas schuldig
geblieben bin.
Wo ich enttäuscht und verletzt wurde, will ich vergeben.
Gib mir Gelegenheit, Gutes zu tun.
Und lass mich über allem,
was da war, was da ist und was da kommt,
DEINEN Frieden finden. Amen

Ralf Günther

Alles hat seine Zeit – konkret
Beate Hofmann

86 400 Sekunden, 1 440 Minuten oder 24 Stunden – so zeitreich sind wir. Täglich! Welch eine Fülle an Zeit. Genug Zeit für alles, was ansteht, oder? Wie sieht das bei Ihnen aus? Haben Sie das Gefühl, zeitreich zu sein? Wie viel passt in Ihren Tag an Terminen, an Arbeitszeit, Familienzeit, Mußezeit, an Schlafzeit oder Gebetszeit? Hat alles seine Zeit oder hätten Sie gern mehr Zeit? „Alles hat seine Zeit – nur ich hab keine", so heißt treffend ein Buchtitel des Zeitforschers Karlheinz Geißler, der Mut macht, seine Eigenzeiten häufiger zu beachten, denn das menschliche Zeitempfinden ist höchst unterschiedlich. Es hängt mit unserer Kultur, dem Alter und dem persönlichen Lebenstempo zusammen. Dabei leben wir alle nach den gleichen Zeitgebern der Natur: Licht und Dunkelheit. Die Erde braucht ihre Zeit, um sich einmal um ihre Achse zu drehen. Wir nennen es Tag und Nacht. Die Gezeiten des Meeres kommen mit natürlicher Regelmäßigkeit im Zusammenspiel von Sonne und Mond. Alles hat seine Zeit.

Chronobiologen haben sich damit beschäftigt, wann Menschen besonders effektiv arbeiten oder wie viel Schlaf notwendig ist, um sich zu regenerieren. Zwischen neun und zwölf Uhr sind die meisten Menschen besonders aufnahmefähig und können sich gut konzentrieren. Am frühen Nachmittag ist das Schmerzempfinden besonders niedrig. Es lohnt sich, hier den Zahnarzt um einen Termin zu bitten. Durchschnittlich reichen uns siebeneinhalb Stunden Schlaf. Doch als natürliche Wesen brauchen wir alle ein unterschiedliches Maß an Schlaf, sind wir eher Frühaufsteher oder Nachteulen, ist uns eine Siesta heilig oder erscheint sie uns als Zeitverschwendung. Wir haben ein unterschiedliches Tempo, in dem wir essen, Aufgaben erledigen oder sprechen. Je besser wir unseren eigenen Rhythmus kennen, desto besser ist das für unsere Gesundheit und das Wohlbefinden.

Obwohl dies den meisten Menschen klar ist, leben sie eher unter dem Diktat von Uhren, Timern und Kalendern als nach ihrem Zeitempfinden. Gibt es einen Ausstieg aus der Beschleunigungsfalle?

Alte Weisheitstexte wie das Buch der Prediger geben eine philosophische Antwort. Alles hat seine ganz eigene Zeit, seinen kraftvollen, natürlichen Rhythmus. Der Glaubende nimmt seine Zeit aus Gottes Händen und lässt den Gedanken der Allmacht damit los. Gras wächst nicht schneller, wenn man daran zieht. Wir können unserem Leben keinen Tag hinzufügen, selbst wenn wir die Nacht zum Tag machen. Nicht alles ist machbar und planbar. Gutes, aber auch Unangenehmes in unserem Leben hat seine Zeit. Das bedeutet im Umkehrschluss: Ich kann darauf trauen, dass eine Zeit der Krise, der Trauer, des Weinens nicht unendlich dauert. „Alles hat seine Zeit" bedeutet, auch mal abzuwarten und sich in Geduld zu üben. Wer mit ungeteiltem Herzen bei einer Sache ist und nicht schon in Gedanken bei der nächsten, der ist deutlich weniger getrieben. Zeitreich ist ein Mensch, der sich Zeit nimmt für das, was ihm zutiefst wichtig ist. Er wird zufriedener leben, denn er ist dann in der Zeit und jagt ihr nicht nur hinterher.

Drei Coaching-Tipps für Zeitreichtum
- Halten Sie sich Zeit-Inseln frei. Damit sind Zeiten gemeint, in denen Sie Zeit für die Menschen oder die Tätigkeiten haben, die Ihnen am Herzen liegen.
- Gönnen Sie sich bewusste „Offline-Zeiten", in denen das Smartphone und der Computer ausgeschaltet bleiben. Übernehmen Sie die Selbststeuerung und tun Sie, was Ihnen guttut. Ob Sie Menschen einladen, sich mal richtig ausschlafen oder zu Hause trödeln, ist dabei Ihre Entscheidung. So werden Sie sich zeitreich und unverplant fühlen.
- Enttarnen Sie Ihre Zeitdiebe. Wer oder was raubt Ihnen Ihre Zeit? Notieren Sie drei Zeitdiebe (Personen, Tätigkeiten, Angewohnheiten) und überlegen

Sie, wie Sie sich davon abgrenzen beziehungsweise wie Sie klare Botschaften senden, damit Sie zu Ihren eigenen Überzeugungen und Werten stehen können.

Was ist Ihnen wirklich wichtig und welche Dinge könnten Sie weglassen, um weniger gehetzt zu sein?

VOM RICHTIGEN ZEITPUNKT

Im Jahr 1973 kam in der DDR der Film „Die Legende von Paul und Paula" in die Kinos. Keiner hatte erwartet, dass ein Film eine solche Wirkung entfalten könnte (nachdem natürlich zuvor einige Filme, die so hätten wirken können, der Zensur zum Opfer gefallen waren). Die Wirkung konnte man nicht herbeizwingen. Genauso wenig wie den Erfolg des Titelsongs, mit dem die Puhdys berühmt wurden: „Wenn ein Mensch lebt". Darin kam die uns so wohlbekannte Zeile aus dem Buch Prediger in etwas abgewandelter Form vor:

„Jegliches hat seine Zeit,
Steine sammeln, Steine zerstreu'n;
Bäume pflanzen, Bäume abhau'n;
Leben und Sterben und Frieden und Streit."

Jegliches hat seine Zeit. Vieles können wir nicht machen, können wir nicht herbeizwingen. Die Bekanntheit eines Filmes oder eines Songs kann durch gute Qualität oder teure Werbung befördert werden. Ob es dann aber wirklich klappt mit dem Erfolg (nicht nur dem finanziellen, sondern auch manchmal dem gesellschaftlichen), kann man nicht bis ins Letzte beeinflussen. Ähnlich ging es uns mit der Friedlichen Revolution. Fast niemand hat es auf diese Weise vorhergesehen. Aber – es war an der Zeit. Theologisch gesehen, sprechen wir von einem „Kairos", einem Zeitpunkt, *der nur in Gottes Händen liegen kann, den wir nicht „machen", nicht herbeizwingen können.*

Und doch denke ich, dass der Prediger keinem Fatalismus frönen möchte. Es geht um aktive Handlungen, die er hier beschreibt, bis hin zum Trauern und auch wieder zum Tanzen. Unser Handeln ist und bleibt gefragt. Aber da auch wieder alles zu seiner Zeit und an seinem Ort.

„Empört euch!", rief der hochbetagte Publizist Stéphane Hessel im Jahr 2010 der jüngeren Generation zu. „Findet euch nicht mit der Ungerechtigkeit auf der Welt ab!" Unsere Zeit scheint besonders reif zu sein, sich über Ungerechtigkeit zu empören. Dazwischen sollen aber auch Zeiten der Muße liegen, in denen wir dann wieder einmal den „Prediger" zurate ziehen oder die alten Songs unserer Jugend hören. Alles hat seine Zeit!

Christian Behr

DETAILS

„Ist dir schon mal aufgefallen", fragt Herr M. gedankenverloren seine Gattin, „wie viele grüne Sachen es gibt?" Herrn M. fallen oft solche Dinge ein. „Sicher", murmelt Frau M., ohne von ihrem Buch aufzusehen, „grüne Wiesen, grüne Bäume." „Ja, aber auch Ampelmännchen, Wasabi-Nüsse und diese kleinen grünen Käfer, die so schön metallisch glänzen." Frau M.

klappt das Buch zu. „Und was wirst du mit dieser überraschenden Erkenntnis anfangen?" „Das weiß ich noch nicht." Herr M. macht eine unbestimmte Geste und zuckt mit den Schultern. Er hat noch nie verstanden, warum alle Dinge gleich auf ihren Nutzen hin geprüft werden müssen. „Man braucht ein Auge für so etwas. Es muss einem erst auffallen, bevor man etwas damit anfangen kann. Stell dir vor, du würdest jeden Tag auf ein anderes Detail achten. Heute widme ich meine Aufmerksamkeit der Farbe Grün." „Weshalb nicht Gelb?", sinniert Frau M., die lieber sonnige Sachen entdecken würde.

„Grün gefällt mir besser. Aber du kannst auch Gelb nehmen. Am Mittwoch achte ich auf alles, was angenehm riecht, am Donnerstag auf das, was glücklich macht, Freitag auf Sachen, die mit T beginnt und am Samstag auf Dinge, die nichts kosten. Sonntag denke ich mir dann etwas Neues aus", beschließt Herr M. seine Aufzählung zufrieden. „Ich habe die leise Ahnung, es gibt eine Menge zu entdecken."

Susanne Niemeyer

ZEIT, DA ZU SEIN

„Alles hat seine Zeit", das klang lange Jahre in meinen Ohren resignierend, etwa wie: Alles ist begrenzt, das Schöne wie das Schwere, also nimm es dir nicht so zu Herzen.

Doch auf einmal hat das Wort für mich einen neuen Klang bekommen. Da saß ich am Krankenhausbett meines Sohnes. Nach einem Unfall war er operiert worden. Ohne mich abzumelden, war ich vom Büro aus zu ihm geeilt und wartete nun, dass er aus der Narkose aufwacht. Musste ich ein schlechtes Gewissen haben? Was würden meine Vorgesetzten sagen, dass ich auf einmal verschwunden bin? Nur kurz beunruhigten mich diese Gedanken. Und dann spürte ich in mir die tiefe Gewissheit: Das hat jetzt seine Zeit. Eben weil alles seine Zeit hat, darf alles auch seine Zeit haben. Und jetzt, jetzt war es Zeit, hier zu sitzen, da zu sein, wenn er aufwacht.

Seitdem höre ich das Wort des Predigers mit dieser anderen Betonung: „Alles hat seine Zeit." Es gehört zur Lebenskunst, ganz da zu sein, wo ich gerade bin, ganz im Hier und Jetzt. Bis heute hilft mir diese Weisheit, in der Überfülle von „Allem" innezuhalten.

Ilse Junkermann

Nicht sofort entscheiden

/ 2

Nicht sofort entscheiden

Susanne Breit-Keßler

BIBLISCHE MINIATUR
ZU MT 1,18–24

Maria ist mit Josef verlobt. Ihre Väter haben nach vermutlich längeren Überlegungen einen Vertrag ge-
schlossen. Passen die Familien zusammen? Trägt die
beabsichtigte Verbindung etwas aus für eine größere
Gemeinschaft? Das will sorgsam bedacht sein. „Hochzeit auf den ersten Blick", wie sie im Privatfernsehen
inszeniert wird, ist Mumpitz. Ehen schließt man
nicht im blitzartigen Blindflug – jedenfalls dann
nicht, wenn sie halten sollen.

Natürlich gibt es den *coup de foudre* – den amourö-
sen Blitzschlag, der einen von einer Sekunde auf die
andere trifft. Aber die tiefe Innigkeit, die eine Partnerschaft haben kann, entsteht nicht durch das, was
man sofort aneinander entdeckt und entzückend fin-

det. Sie erwächst aus jahrelangem Vertrauen, daraus, dass man miteinander viele wunderbare und verstörende Augenblicke erlebt und durchlitten, sie gemeinsam genossen und bestanden hat.

Bei dem „hochheiligen Paar" sind die Entscheidungen gefallen. Die Planungen für die Hochzeit laufen auf Hochtouren. Begegnungen zwischen Maria und Josef gibt es nur im Beisein von Verwandten. Josef braucht also keinen Vaterschaftstest, um zu wissen, dass dieses werdende Leben nicht sein Kind ist. Er ist wütend, eifersüchtig, ratlos. Und bestimmt nicht wild darauf, das Kind eines Fremden aufzuziehen. Josef plant, Maria heimlich zu verlassen. Aber er zögert.

> **In Krisenzeiten soll man nichts sofort und schon gar nicht grundsätzlich entscheiden.**

Für Maria hieße sein Weggehen: ungeordnete Verhältnisse, Schande, Lebensgefahr. Auf den Bruch des gegebenen Eheversprechens steht Steinigung – klares, schnelles Urteil, gnadenlos. Keine Zeit, die „Umstände" zu klären ... Josef grübelt, ob er sein Vorhaben trotzdem wahrmachen soll. Wälzt die Gedanken hin und her. Guter Mann: Sonst, gebeutelt von Emotionen, macht man schnell etwas falsch.

Dann träumt Josef und vernimmt des Nachts einen Engel, der ihn in Gottes Namen bittet, bei dieser Frau zu bleiben. Josef traut ihm. Er traut seiner inneren Stimme. Er ist couragiert, selbst wenn er dafür länger braucht. Gott wählt als Eltern für sich selber zwei, die Überkommenes nicht leichten Herzens, aber vertrauensvoll über Bord werfen. Dafür ist Zeit notwendig.

Maria allerdings hat sich zügig für ihr Kind entschieden. Das braucht es auch manchmal: Gegen alle gesellschaftlichen Konventionen ein spontanes, blitzartiges Ja zum Leben. Eines, das Grenzen überwindet und den Himmel auf Erden bringt. Immerhin hat Maria neun Monate Zeit, sich hineinzufinden in ihre neue Rolle. Dem schnellen Ja folgen viele Augenblicke, in denen sie ihrer Entscheidung nachspüren und sie bedenken kann und muss. Wirklich sofort ist eben selten etwas.

Wer „zackig" oder erst nach längerem entscheidet, kann Engel gebrauchen, gleich in welcher Gestalt. Sie machen es möglich, dass Menschen ihre Wahrnehmung überprüfen, infrage stellen und, falls nötig, durch neue Einsichten ablösen. Engel begleiten in Gefahren und Unsicherheit. Gegenwart und Zukunft geraten in ein anderes Licht. Und Träume, „Gottes vergessene Sprache" (Helmut Hark), fassen in anschauliche, nachvollziehbare Bilder, was der Verstand anders einfach nicht begreifen will.

Alle diese geistigen und innerseelischen Prozesse geschehen nicht sofort, spielen sich höchst selten in

Sekundenbruchteilen ab. Es braucht viele Augenblicke, in denen man zu sich kommt, wirklich bei sich ist, bevor man klug und weise entscheiden kann. Und wenn selbst die Ankunft Gottes auf Erden eine komplexe, langfristige Angelegenheit ist – dann kann sich unsereins doch wahrlich Zeit für eigene Entscheidungen lassen.

Wann haben Sie zuletzt eine vorschnelle Entscheidung getroffen und was würden Sie heute anders machen?

LIEBER NOCHMAL DRÜBER SCHLAFEN

Als nun Josef vom Schlaf erwachte, tat er, wie ihm der Engel des Herrn befohlen hatte (Mt 1,24).

Folge nicht gleich dem ersten Gefühl! Überlege gut, bevor du Entscheidungen triffst, die sich nicht mehr rückgängig machen lassen. Am besten: Schlafe noch einmal eine Nacht darüber. Denn unsere Träume lassen uns sehen, was wir im wachen Zustand nicht erkennen können.

Die Versuchung ist sehr groß: Computer und Smartphones haben den Alltag enorm beschleunigt. Mit einem Fingertippen kannst du in Sekundenschnelle Fragen beantworten, Geheimnisse preisgeben, Einladungen absagen, Texte kommentieren, deinem Ärger Luft machen.

Um kein Missverständnis aufkommen zu lassen: Dies ist kein Plädoyer für langes Herumlavieren oder gegen schnelle Entschlüsse. Aber lass eine Nacht vergehen, bevor du sie in die Tat umsetzt. So wie Josef. Gib Gott die Chance, einen Engel zu dir sprechen zu lassen.

Kirsten Fehrs

Nicht sofort entscheiden – konkret

Beate Hofmann

Immer wieder schaut das Kind zu der Süßigkeit, die verlockend auf dem Teller liegt. Niemand ist im Raum. Niemand hindert es daran, die Leckerei mit einer raschen Bewegung im Mund verschwinden zu lassen. Die Vierjährige weiß nicht, dass sie beobachtet wird, doch sie zögert. Man sieht, wie sie mit sich ringt. Sofort essen oder warten? Endlich, nach unendlich scheinenden Minuten öffnet sich die Zimmertür. Herein kommt der Versuchsleiter, in der Hand wie versprochen zwei der begehrten Süßigkeiten. Die Augen des Kindes strahlen. Das Warten hat sich gelohnt. Dies ist einer der bekanntesten Versuche des Persönlichkeitspsychologen Walter Mischel, der sogenannte Marshmallow-Test.

Mit diesem Test sollte der Zusammenhang von Belohnungsaufschub und emotionaler Selbststeuerung erforscht werden. Jahre später untersuchten die Forscher erneut das Verhalten und die Leistungsfähigkeit der damaligen Versuchsteilnehmer und stellten fest, dass die Kinder, die abwarten konnten und nicht sofort zugegriffen hatten, als Erwachsene deutlich kompetenter in ihrem sozialen Verhalten und in ihrer

Leistungsfähigkeit waren. Etwas aufzuschieben statt ein Bedürfnis sofort zu befriedigen stärkt offensichtlich die Lebenskompetenz.

Gilt das auch für Entscheidungen? Wir sollten unterscheiden zwischen kleinen, alltäglichen oder bedeutsamen Lebensentscheidungen. Es ist ein Unterschied, ob wir vor der Wahl zwischen zwei Joghurtsorten oder einer Entscheidung in Bezug auf Beruf, Wohnort oder Partnerschaft stehen. Mischel ist davon überzeugt, dass wir wichtige Entscheidungen nicht in Stress- oder Ausnahmesituationen tätigen sollten, sondern dass es hilfreich ist, abzuwägen und abzuwarten. Viele Menschen haben erlebt, wie hilfreich es ist, eine Entscheidung reifen zu lassen.

Wir sagen oft: „Da muss ich eine Nacht darüber schlafen", und meinen, ich möchte das nicht sofort entscheiden. Eine Entscheidung wird tragfähiger, wenn wir mit jemandem darüber reden können, dem wir vertrauen. Manche Entscheidungen reifen im Gebet. Innere und äußere Stille sind hilfreich dabei. Bevor wir uns entschieden haben, unsere Stellen zu kündigen, um ein Auszeitjahr als Familie zu erleben, sind wir in Assisi auf den Berg gestiegen, haben viele Gespräche geführt und unsere Pläne reifen lassen.

Es gibt etliche biblische Geschichten, in denen Menschen auf ein Zeichen Gottes warten, bevor sie handeln. Für Josef muss es eine absolute Stresssituation gewesen sein, zu erfahren, dass seine Verlobte unverhofft schwanger ist. Emotionale Selbststeuerung war kein Begriff der damaligen Zeit, aber genau das können wir bei Josef beobachten. Er kann sich beherrschen. Weder schreit er seine Fragen oder Wut heraus, noch packt er die Tasche und haut ab. Respekt!

Wer in seinem Leben Entscheidungen im Affekt getroffen hat, wer zu heftig oder zu schnell reagiert hat, der wird es bedauern, kann aber die Zeit nicht zurückdrehen. Wir können nur lernen, unsere Emotionen besser zu steuern, nicht jedem Bedürfnis sofort nachzugehen und Entscheidungen reifen zu lassen. Manchmal lässt sich das sogar von Kindern lernen.

Drei Coaching-Tipps für gereifte Entscheidungen
- Tappen Sie nicht in die „Schmeichelfalle", wenn es um Anfragen geht, die Ihr Engagement und Ihre Zeit betreffen. Erbitten Sie sich eine Bedenkzeit, bevor Sie ein Ehrenamt annehmen. Nur mit vollem Herzen können Sie zum Segen für andere werden.
- Kennen Sie Ihre inneren Antreiber? Du schaffst das! Du bist stark! Mach schnell! – So oder ähnlich haben viele von uns eine innere Stimme, die sie herausfordert, an ihre Grenzen zu gehen oder sogar darüber hinaus. Hilfreich ist es, sich innere Erlauber zu formulieren wie zum Beispiel „Ich darf mir auch Pausen gönnen", „Ich darf meine Schwäche zeigen und

muss nicht alles können", „Ich brauche mehr Zeit, um eine gute Entscheidung zu treffen".

- Weise Entscheidungen beziehen mehrere Perspektiven ein. Sie müssen nicht alles allein meistern. Welche Personen können zuhören und Ihre Perspektive weiten, so dass die Entscheidung tragfähiger wird?

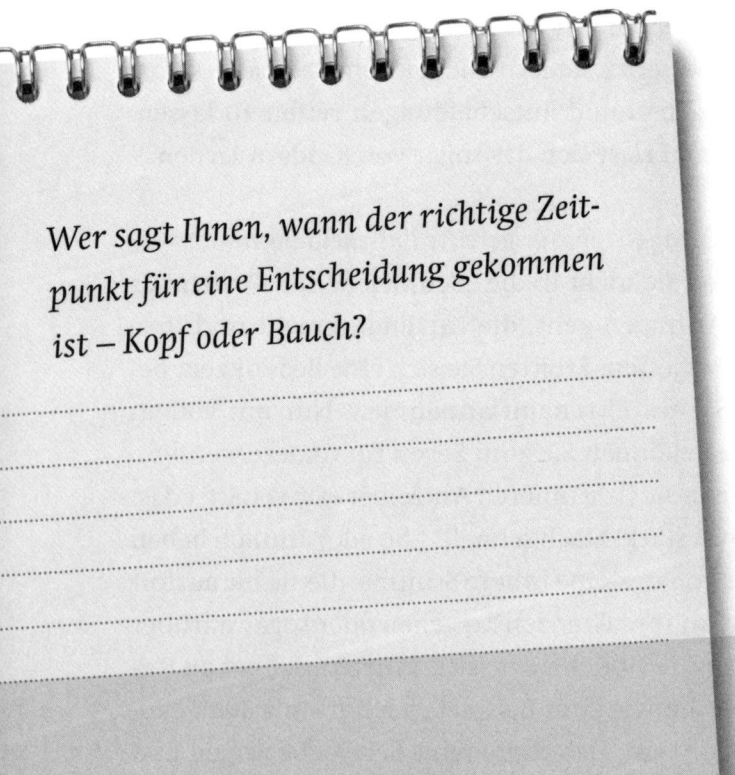

Wer sagt Ihnen, wann der richtige Zeitpunkt für eine Entscheidung gekommen ist – Kopf oder Bauch?

ERST MAL DURCHATMEN

„Das Bild ist nicht eindeutig." Schweigen. Der Arzt fährt mit der Maus über den Ultraschall. Dann wächst die Gewissheit, dass mit dem Kind im Bauch „etwas nicht stimmt". Das ist der Augenblick, wo einem als junge Eltern der Boden unter den Füßen entgleitet, eine Welt zusammenstürzt. Was tun? Die Schwere der Diagnostik könnte eine Abtreibung rechtfertigen. Was nie Thema war, es wird auf einmal vorstellbar. Lass ungeschehen machen, was nicht vorgesehen war. Und das möglichst schnell!

Doch Wochen später, viele Gespräche später mit Menschen, die Erfahrung haben und Verständnis, stellt sich einiges anders dar. Das Kind wird wohl behindert sein, doch lebensfähig, lebensfroh. Und es gibt Hilfen, viel mehr als gedacht. Nicht sofort entscheiden! Gerade in den größten Krisen ist das vielleicht das Wichtigste. Und es braucht dafür Menschen, die wie Engel sind, die einem Zeit geben, tief durchzuatmen, neu nachzudenken, und einen mit Rat und Tat begleiten.

Joachim Gerhard

Zweifel
Susanne Niemeyer

Wir leben in einem Zeitalter der Überstürzung, denkt Herr M. Und das ist doch merkwürdig, denn der Mensch lebt heutzutage länger als je zuvor, also sollte man doch annehmen, dass er *mehr* Zeit hat, Dinge zu bedenken und nicht weniger. Alles muss sofort geschehen. Wer sich eine Bedenkzeit erbittet, gilt als entscheidungsschwach. Dabei kann man durch Nachdenken zu ganz vortrefflichen Entscheidungen kommen. Und nicht durch googeln. Neuerdings scheint es auch modisch zu sein, sich einen Berater zu nehmen, besonders im beruflichen Bereich. Wahrscheinlich, weil niemand mehr selbst entscheiden will, denkt Herr M. Irgendwen tritt man ja immer vors Knie, ob man will oder nicht. Nicht, dass Herr M. grundsätzlich etwas gegen Beratung hätte, das nicht. Aber er hat das einmal miterlebt, da kam so ein dreißigjähriger Springinsfeld und wollte alles ganz schnell regeln. Der kannte alles außer Zweifel. Und eben das machte Herrn M. skeptisch. Zweifeln, findet er, sollte zum Pflichtfach werden. Denn wer zweifelt, guckt sich eine Sache von allen Seiten an. Der Zweifel ist der Anfang von allem. Steht schon in der Bibel.

Hätte Eva nicht gezweifelt, säßen wir immer noch im Paradies und könnten gar nichts entscheiden. Weder schnell noch langsam. Mit dem Zweifel, denkt Herr M., beginnt also die Freiheit.

Wie können Sie dahin kommen, dem Druck nach sofortigen Entscheidungen zu widerstehen und statt dessen die Freiheit des Zweifelns und Hinterfragens zu genießen?

PUMUCKL IM PARADIES

Als Kind war ich ein großer Fan von Pumuckl, dem Kobold mit dem roten Haar, und hatte auch mehrere Schallplatten mit Hans Clarin und Gustl Bayrhammer. In einer Folge erklärt Meister Eder seinem Kobold, dass er manche Sachen ohne Grund mache, nur aus Instinkt. Kurz darauf ist Eder nicht in der Werkstatt, als es an der Tür klingelt. Pumuckl schaut aus der Tür. Eine Frau. Und Pumuckl sagt sich: „Ah, ich kann sie reinlassen. Sie stinkt nicht." Und natürlich räumt die Frau die Werkstatt leer. Ich war acht Jahre alt und begriff, dass man diesem Instinkt nicht trauen kann.

Schon die allererste Entscheidung, die je ein Mensch getroffen hat, war ja vorschnell. Eva schnappt sich die verbotene Frucht und beißt rein. Ich stelle mir gerne vor, dass es etwas anders gelaufen wäre. Eva steht vor dem Baum und streckt die Hand aus, ihre Fingerspitzen berühren schon beinahe die Schale. Und da: „Halt!", ein Ruf aus dem Hintergrund lässt Eva innehalten. Sie dreht sich um. Neben ihr steht ein kleines rothaariges Wesen. Eva ist erstaunt. „Adam?" „Nicht ganz. Pumuckl. Ich will dich warnen. Verlass dich nicht auf deinen Instinkt. Bedenke die Konsequenzen deines Handelns. Welche Folgen hat es in zehn Minuten? Welche in zehn Monaten? Welche in zehn Jahren? Dieses 10-10-10-Modell von Suzy Welch wird dein Leben verändern." Eva lässt den Arm sinken: „Echt jetzt?" „Klar,

Eva. Ich habe mich mit der Materie beschäftigt. Alle Menschen — und Kobolde — treffen pro Tag etwa 20 000 Entscheidungen, also eine Entscheidung alle drei Sekunden, wenn man sieben Stunden schläft. Fast alle davon fällen wir, ohne viel darüber nachzudenken, aus Erfahrung oder Routine, aus Gewohnheit. Nur bei den wenigsten Entscheidungen können wir uns sagen: Augenblick mal! Nicht sofort. Wir haben bestimmte Heuristiken, also Hilfsmittel, um durchs Leben kommen, ohne dass wir wissen müssen, wie. Wir tun, was wir immer schon getan haben. Aber mit dem 10-10-10-Modell machen wir uns die Konsequenzen unseres Handelns bewusst." Nach diesen Worten weiß Eva, was sie tun will. Sie schiebt Pumuckl zur Seite, pflückt die verbotene Frucht und beißt rein. Denn das ist es, was sie ohnehin tun wollte. Was daraus in zehn Minuten werden sollte, in zehn Monaten oder in zehn Millionen Jahren — darauf wäre Eva nie gekommen.

Eva kann instinktiv handeln oder lange überlegen — am Ende trifft sie unter Umständen dieselbe Entscheidung. Ist es also überhaupt sinnvoll, lange nachzudenken? Das gilt auch für die Entscheidung, die viele von uns als die schwerste ansehen: die Wahl des Partners. Immerhin ist diese Entscheidung Eva erspart geblieben. Jede Partnerberatung hätte ihr gesagt: Die meisten Übereinstimmungen haben Sie mit Adam, Sie zwei sollten mal gemeinsam essen gehen. Für uns anderen ist die Wahl nicht so einfach. Dabei wissen wir nach drei Sekunden, ob wir einen Menschen attraktiv finden oder nicht. Entscheidend ist dabei der Geruch – Pumuckl hatte also doch recht: Instinkt bedeutet bei anderen Menschen, dass sie nicht stinken für uns, dass wir sie gut riechen können. Es ist also eigentlich ganz einfach. Und trotzdem ...

Ich habe einen Onkel, der seit vierzig Jahren mit einer wunderbaren Frau verheiratet ist. Und als ich ihn fragte, ob er im Leben etwas bereut, meinte er: „Na ja, man fragt sich natürlich, wie das Leben gelaufen wäre, wenn man sich für einen anderen Partner entschieden hätte." Das ist das Problem: Man fragt sich immer, wie es mit einem anderen Partner wäre. Es gibt einfach so viele Möglichkeiten. Und wie soll man unter all diesen Möglichkeiten diejenige finden, die am besten zu einem passt? Soll man vor dem Beginn einer Beziehung überlegen oder sich einfach dem Moment überlassen? Ich hab beides erlebt: Beziehungen, die beginnen, nachdem man sich schon zwei Jahre lang kannte – oder erst seit sechs Stunden. Beides hat mal funktioniert, mal nicht. Vielleicht ist die wichtigste Entscheidung also nicht die, welche Beziehung ich beginne. Sondern welche ich beende. Und dabei sollte man auf jeden Fall einen Schritt zurücktreten und überlegen. Denn das kann ich nie rückgängig machen, oder fast nie. Und hier zeigt sich vielleicht der Sinn davon, vor Entscheidungen zu überlegen: Manche Entscheidungen kann ich nie wieder rückgängig machen. Tom Stoppard hat dafür das Bild: Wir gießen die Sahne in den Tee und rühren sie im Uhrzeigersinn hinein.

Aber wir können noch so lange gegen den Uhrzeigersinn rühren – wir kriegen die Sahne nie mehr aus dem Tee heraus.

Natürlich wissen wir nicht immer, welche Entscheidungen wirklich wichtig sind. Bei welchen Entscheidungen sollten wir uns Zeit nehmen, welche sind nicht so wichtig? Der Regisseur Alain Resnais hat einen Film gedreht, der zeigt, wie vollkommen unterschiedlich ein Leben laufen kann, nur weil man eine Zigarette raucht oder nicht raucht. Erst im Nachhinein wissen wir manchmal, dass wir diesmal keine Sahne im Tee hätten haben sollen oder jedenfalls nicht diese Sahne. Deshalb bleibt uns eigentlich nur übrig, uns darauf vorzubereiten, nach welchen groben Richtlinien wir unsere Entscheidungen treffen wollen. Wie Hamlet es sagt: „Geschieht es jetzt nicht, so geschieht es doch einmal in Zukunft. In Bereitschaft sein ist alles." Und ich glaube, dass Liebe und Menschenfreundlichkeit gute Richtlinien sind, an denen wir unsere Entscheidungen ausrichten können. Damit wir unsere Entscheidungen nicht nur nicht sofort treffen, sondern vorbereitet.

Christian Engels

Gibt es Entscheidungen in Ihrem Leben, die Sie gern rückgängig machen würden? Was können Sie aus dieser Erfahrung für die Zukunft mitnehmen?

Nicht sofort drauflos schaffen / 3

Nicht sofort drauflos schaffen

Susanne Breit-Keßler

BIBLISCHE MINIATUR
ZU LK 10,38–42

Zwei Schwestern, wie sie unterschiedlicher nicht sein
könnten: Maria und Martha. Sie bekommen Besuch.
Jesus. Die eine, Maria, setzt sich nieder und hört seinen Erzählungen zu. Die andere, Martha, macht sich
viel zu schaffen, um dem Gast ihre Wertschätzung
zu zeigen. Sie deckt den Tisch, macht das Essen, holt
Getränke herbei, richtet schon mal das Nachtlager. Es
ist ja spät, der Gast soll nicht mehr außer Haus müssen. So weit, so gut. Jedem das Seine.

Aber die fleißige Martha kann es gar nicht sehen,
dass Maria es sich in der Nähe Jesu gemütlich gemacht
hat und gleichsam an seinen Lippen hängt. So ein
Ärger! Diese faule Nuss könnte doch mit anpacken.
Statt dezent ihre Schwester um Hilfe zu bitten, legt

Martha einen eindrucksvollen Auftritt hin. Sie wirft Jesus vor, dass er sie alleine vor sich hinwerkeln und Maria einfach da rumsitzen lässt. Und sie fordert den Gast auf, der Schwester Anweisungen zu geben.

Wer sofort anpackt wie Martha, sollte das nur dann tun, wenn er oder sie es auch wirklich gerne macht und für die eigene Energie einen Spielplatz braucht. In Marthas Fall wird nur allzu deutlich, dass sie damit Anerkennung für sich haben wollte – und nicht aus einem echten inneren Bedürfnis heraus losgelegt hat. Sonst hätte sie nicht beleidigt mit Vorwürfen um sich geworfen und sogar noch peinlicherweise den Gast in einen innerfamiliären Zwist hineingezogen.

Jesus spielt das Spiel nicht mit. Er nimmt zwar wahr, dass Martha höchst umtriebig ist. Aber er sagt ihr auch, dass Maria das gute Teil erwählt hat, das ihr nicht genommen werden soll. Seitdem stehen die Schwestern für zwei verschiedene Lebensentwürfe. Als Sinnbilder der *Vita activa* und der *Vita contemplativa* sind sie in die Geschichte des Christentums eingegangen. Martha hat dabei eindeutig das schlechtere Teil erwählt: Sie wirkt immer etwas übereifrig.

Martha macht sich Mühe, Maria die Ohren auf. Und Jesus zieht die Frau vor, die sich von ihm beschenken lässt mit Worten und Geschichten – ohne jede Anstrengung. Martha, die den ganzen Haushalt in Schwung hält, sieht dagegen erst mal alt aus. Aber, ein großes Aber: Im Johannesevangelium ist sie es, die mit Jesus spricht und ihm ohne Umschweife etwas sagt, das außer ihr nur Petrus formuliert hat: „Ich glaube, dass du der Christus bist, der Sohn Gottes" (Joh 11,27).

Sieh mal einer an. In einer schwierigen Situation, als ihr Bruder Lazarus gestorben ist, läuft Martha Jesus verzweifelt und energisch entgegen. Sie geht ihn richtig an und fordert ihn. Voller Vertrauen. Wenn er da gewesen wäre, wäre Lazarus nicht gestorben. Und auch jetzt, wo er schon tot ist, kann Jesus, der Christus, ihn noch auferwecken. Jesus lässt sich auf den Disput mit Martha ein – und macht Lazarus lebendig. Und wo ist Maria?

Sie ist zu Hause hocken geblieben und kommt erst, als Martha sie ruft. Die Aktive, von der der Evangelist Johannes sagt, dass Jesus sie lieb hat, und die Kontemplative – zwei Seiten einer Frau. Zwei Gaben eines Menschen: herumwuseln können, das Ganze im Blick haben, Verantwortung übernehmen. Und still sein, lauschen auf das, was ein anderer zu sagen weiß. Sich bedenken, abwarten. Maria und Martha? Martha-Maria sind eins. In uns.

Welcher Typ sind Sie –
eher Maria oder Martha?

MARIA UND MARTHA

gott
zwischen putzlappen und putzeimern
wissen wir oft nicht ein noch aus
zwischen kontoauszügen und offenen rechnungen
hetzen wir von einer besorgung zur anderen
kurzatmig
mühsam
sorgenvoll

wir bitten dich
überraschender einfall in unserem leben
stehe ungefragt vor unseren türen
unterbrich unsere eingespurten rituale
nötige uns zum hinsetzen und hinhören

gott
wanderer durch die zeiten
in deinen ohren liegt
was wir
gesagt und geklagt
gebetet und gehofft
du kennst die gesten
die unser leben getauft haben

in brot und wein
dürfen wir dich schmecken
vorrat für den winter sammeln

wir bitten dich
für all das unausgesprochene
was in den tiefenschichten unseres lebens lagert
für den schmerz
der unter den narben der vergangenheit wohnt
für die sorge
die uns die ruhe stiehlt
für das kleine glück
das zerbrechlich am wegrand sitzt
Siegfried Eckert

„Lass doch liegen, kannste doch später machen!" Offen gestanden habe ich mich schon als Kind an dieser Geschichte gestoßen, vor allem an der Lösung, die Jesus findet, nun ja, verordnet. Schöner hätte ich es gefunden, wenn Jesus gesagt hätte: „Stimmt, da hast du Recht, Martha, lass uns erst gemeinsam schnibbeln und uns dann gemütlich hinsetzen!" Das wäre mein Jesus gewesen.

Später hörte ich, dass Jesus jedem gibt, was er braucht. Und Martha braucht eben mal eine Pause.

Doch Augenblick mal! Ich gehe an der Spree entlang in Richtung Dom, dort ist unser Hörsaal. Neben mir die berühmte feministische Theologin Elisabeth Schüssler-Fiorenza. Sie hat dieses Semester eine Gastprofessur bei uns in Berlin und sieht so ganz anders aus, als ich sie mir vorgestellt habe. Eigentlich wie eine liebe Oma. „Sie werden nicht jeden Text retten können", sagt sie. Und dann erfahre ich, dass dieser Text aus der Zeit stammt, in der Frauen zunehmend aus den Leitungsämtern der frühen Kirche herausgedrängt werden. Besonders Martha, eine Person, die, wenn man genau hinschaut, ziemlich parallel zu Petrus angelegt ist: Wie er erkennt sie in Jesus den Christus, den Messias. Später wird erzählt, dass sie „bei Tisch diente", also die Abendmahlsfeier anleitete. Vermutlich war sie die Leiterin einer Hauskirche. Das war einigen zu viel. Vor allem, als der Druck durch die römische Besatzung spürbarer wurde. „Also, liebe Martha, sitzen, schweigen und den Männern lauschen!", so war es dann lange Zeit in der Kirche.

Zunächst hatte ich Angst, dass ich Bibeltexte durch ihre Betrachtung im zeitgeschichtlichen Kontext verlieren würde, aber im Falle von Martha habe ich ihn gewonnen. Vor allem Martha als Identifikationsfigur. Denn das, was sie erlebt hat, ist auch heute noch aktuell. Also, Augenblick mal!
Christiane Birgden

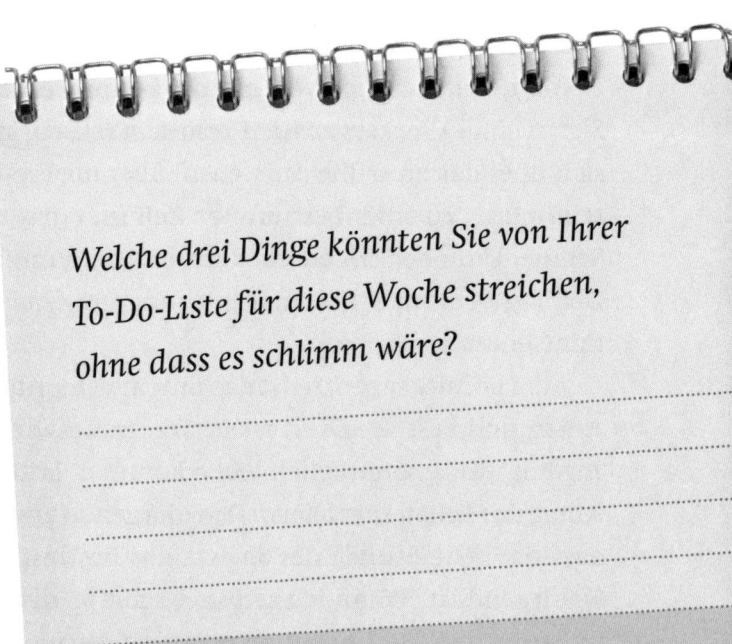

Welche drei Dinge könnten Sie von Ihrer To-Do-Liste für diese Woche streichen, ohne dass es schlimm wäre?

Nicht sofort drauflos schaffen – konkret

Beate Hofmann

Wie beginnen Sie Ihren Arbeitstag oder, falls Sie schon im Ruhestand sind, wie beginnen Sie Ihren Wochentag? Haben Sie ein Ritual, einen Ablauf, der Ihnen guttut?

Das ist keineswegs bei allen Menschen der Fall. Viele von uns lassen sich vom immer lauter werdenden Signal eines Weckers aus den Träumen reißen, ärgern sich über das zu frühe Aufstehen, über die Fremdbestimmung, zu einer bestimmten Zeit im Büro, in der Schule, Uni oder bei einem Termin sein zu müssen. Der Tag beginnt schon mal mit innerem Groll statt mit Genuss.

Man könnte sagen, so ist das nun mal. Es gibt eben Alltag und Festtag. Doch was wäre, wenn wir jeden Tag ein wenig sonntäglich leben könnten. Mitten im Alltag das Leben zart feiern. Den Morgen so gestalten, dass die erste Stunde des Tages selbstbestimmt und wohltuend ist. Wenn ich selbst es schaffe, nicht erst in der letzten Minute aus dem Bett zu springen, sondern etwas früher aufzustehen, dann bleibt mir die Zeit für eine duftende Tasse Tee und eine Zeit der Stille. Einfach und aufrecht sitze ich dann auf dem Stuhl, der Blick kann aus dem Fenster schweifen, und oft höre ich den Klang der Glocken über den Ort wehen. Wunderbar! Wie für mich gemacht. Ich werde ganz still und ruhig im Herzen, fühle mich in der Gegenwart Gottes geborgen. Da brauche ich weder Worte noch Taten. Es reicht, da zu sein, nichts zu schaffen.

Aus dieser achtsamen Zeit heraus kann ich meinen Tag beginnen. Erstaunlicherweise trägt mich diese Ruhe in den nächsten Stunden und hat eine gute Wirkung. Vielfache Forschungen zeigen, dass Meditation (zur Mitte gehen) und Stille eine klärende Wirkung auf das menschliche Gehirn haben. Sie fokussieren unser Denken. Wir können wieder leichter unterscheiden, was wichtig und was in diesem Moment dran ist. Diese Fähigkeit ist entscheidend, um der Beschleunigung und Verdichtung des Lebens innerlich gelassen begegnen zu können. Es ist oft nicht die Fülle der Aufgaben, die Menschen belastet, sondern die Schnelligkeit, das Sofort, der innere Druck und Anspruch, der damit verbunden ist. Experten im Zeitmanagement unterscheiden gerne zwischen wichtig und dringend. Die Weisheit, das eine vom anderen zu unterscheiden, kann uns entspannen, und es erhält die Freude am Tun.

Wenn Jesus zu Martha sagt: „Du hast viel Sorge und Mühe", dann bezieht sich das nicht auf die Fülle der Aufgaben, sondern auf ihre innere Weise, damit umzugehen. Ich habe mich oft gefragt, wie ich in dieser biblischen Geschichte reagiert hätte, und neige eher zum zupackenden Tun der Martha. Vielleicht hätte Maria später gekocht oder den Pizzaservice kommen lassen. Ich weiß es nicht. Doch ich bin mir sehr sicher, sie hätte nach dem Zuhören kraftvoller agieren können. Dies will ich mir immer wieder bewusst machen: Ich habe die Möglichkeit, zu entscheiden, wie ich agieren will, und das befreit mich aus dem ungesunden Druck, immer gleich drauflos zu schaffen.

Drei Coaching-Tipps für ein kraftvolles Schaffen

- Beginnen Sie Ihren Morgen mit etwas, was Ihnen guttut. Ob das eine ausgiebige Dusche, eine Zeit der achtsamen Stille, das Lesen eines Textes, ein Spaziergang oder etwas Sportliches ist, legen Sie fest. Hauptsache, Sie haben das Gefühl, diese selbstbestimmte Zeit gibt Ihnen Lebenskraft für den Tag.
- Wenn viel ansteht, dann notieren Sie Ihre Aufgaben und überlegen Sie vor dem Arbeiten, was davon wirklich wichtig ist und welche Aufgaben eher dringlich erscheinen, bei näherem Betrachten aber weniger wichtig sind. Beginnen Sie konsequent mit einer einzigen, wichtigen Aufgabe.
- Prüfen Sie immer, wenn es stressig wird, ob Sie sich selbst innerlich antreiben. Was ist Ihre Motivation,

wenn Sie etwas tun? Wollen Sie es allen recht machen? Wollen Sie es besonders schnell oder perfekt
machen? Machen Sie sich bewusst, dass Selbstsorge
das Fundament von Fürsorge für andere ist.

*Was sind Ihre „Inseln im Alltag"? Sie haben
keine? Dann schaffen Sie sich welche!*

LOB DER PAUSE

Mit dem Drauflosschaffen habe ich eigentlich gute Erfah-rungen. Wenn es so richtig rollt, das macht mir Spaß. Wenn ich darüber die Zeit vergesse, noch viel besser! Vorgänge, Vorträge, Abläufe, Listen planen – und los. Mariamenschen, die erst dasitzen und lauschen, die nicht zupacken, wenn doch offensichtlich ist, was nottut und getan werden muss, machen mir eher Mühe.

Hab ich auch zu viel Sorge und merke es nicht, so wie Martha? Ich glaube nicht, dass dieses Urteil von Jesus im-mer stimmt. Aber ich ahne, dass der Takt, in dem ich stecke, mich auch an etwas vorbeilaufen lassen kann. Deshalb steckt in meinem Kalender jeden Tag eine andere kleine Karte. Herzensgebet steht darauf, Spaziergang oder Mit-tagsschlaf. Irgendwann am Tag begegnet mir dieser Hin-weis. Augenblick, denke ich dann, nicht immer nur, nicht immer sofort drauflos arbeiten. Pause in den Abläufen. Durchatmen. Innerlich niedersitzen. Und lauschen.

Nicht immer mache ich danach einfach weiter.

Brigitte Becker

GELASSEN BLEIBEN

Ich war ein Jahr zum Studium in Amsterdam. Im Spätsommer unternahm ich mit Freunden einen Sonntagsausflug zum Nordseebadeort Zeedam. Es war erstaunlich warm, ich hängte meine Jacke über die Schulter. Auf der Rückfahrt bemerkte ich in der Bahn, dass mein Portemonnaie fehlte, mitsamt allen Geld- und Versicherungskarten. Offenbar war es am Strand aus der Jacke gefallen. Meine WG-Mitbewohnerin Peggy wusste sofort, was zu tun war: Geldkarten sperren! Am Abend drauf stand sie mitfühlend in meiner Tür: „Na, hast du die Karten sperren lassen?" Nein, hatte ich nicht. Entsetzen. „Das musst du machen! Gleich morgen!" Peggy war fürsorglich, aber wir verstanden uns gut. Auch am nächsten und am übernächsten Tag hatte ich nichts unternommen. Peggy wusste nicht, ob sie den Kopf schütteln oder mich ausschimpfen sollte.

Acht Tage nach dem Ausflug lag mein Portemonnaie mit allen Karten im Briefkasten. Die sechzig Gulden fehlten, die hatte sich der anonyme Absender als Finderlohn abgezweigt. Klar, Peggy freute sich mit mir, aber sie war über mein Glück auch verärgert. „Was, wenn ich alle Karten gesperrt hätte?", hielt ich ihr entgegen. „Dann müsste ich neue Karten besorgen und hätte weit mehr als sechzig Gulden verloren. Ganz abgesehen von der Zeit, die mich das gekostet hätte!" Peggy blieb verärgert. „Das ist ungerecht", sagte sie. „Du verhältst dich unvernünftig, und das wird auch noch belohnt."

Nicht gleich alles sperren und abmelden. Ruhig auf die Ehrlichkeit der Mitmenschen vertrauen – diese Haltung ist mir geblieben. Ich beobachte auch bei anderen, wie sich Gelassenheit auszahlt. Mein Sohn vergaß seine Trompete in der U-Bahn. Meiner Frau fiel ein, dass die Bahn den gleichen Weg zurückfährt. Die Trompete lag noch da, als die Bahn wieder unsere Haltestelle erreichte. Meine Kollegin ließ neulich ihr Handy in der S-Bahn liegen. Statt ihren Anbieter vom Schalterhäuschen der Bahn aus zu kontaktieren, rief sie sich selbst an. Eine nette Frau meldete sich. Später trafen sich beide zur Handyübergabe. Und sie tranken noch eine Tasse Kaffee miteinander.

Burkhard Weitz

Rumhängen
Susanne Niemeyer

„Meine Liebe", ruft Herr M. bestürzt, „bist du etwa in den Und-dann-Modus gefallen?" Frau M. hält überrascht in ihrer Erzählung inne. „Wie meinst du das?" „Du erzählst, dass du erst dies machst, dann jenes tust und schließlich noch dieses. Ich fürchte, du könntest vergessen, Atem zu holen." „Sei nicht albern", sagt Frau M., und es klingt ungewöhnlich streng. „Atmen kann man nebenbei." Ihr Gatte wiegt nachdenklich den Kopf. „Wusstest du, dass ein Koala 15 Stunden schläft und sich dann nochmal fünf Stunden ausruht?" „Nein, das wusste ich nicht", erwidert Frau M. abwesend, denn für Koalas hat sie jetzt wirklich keine Zeit. Aber Herr M. lässt sich nicht beirren. „Er hängt sich in einen Baum und spart Energie. Dabei ist er nicht faul. Im Gegenteil: Er muss das tun, weil die Eukalyptusblätter, die er isst, so schwer zu verdauen sind. Ohne ausreichend Energie würde ihn das umbringen. Ein Koala ist also nur ein gesunder Koala, wenn er genügend rumhängt." „Und?" „Und wenn es beim Menschen ganz genauso ist? Irgendwann braucht man Zeit zum Verdauen. Nicht wegen der Eukalyptusblätter im Bauch, aber wegen der unverdauten Gefühle und der unfertigen Gedanken und wegen der unausgegorenen Ideen, du weißt schon. Ich glaube", nickt Herr M. nachdrücklich, „du solltest dir wirklich den Koala zum Vorbild nehmen und ein bisschen rumhängen."

Wann haben Sie zuletzt „rumgehangen" – und was haben Sie dabei empfunden?

Nicht sofort drankommen

/ 4

Nicht sofort drankommen

Susanne Breit-Keßler

BIBLISCHE MINIATUR
ZU MT 20,16

Die Letzten werden die Ersten und die Ersten die Letzten sein. Klingt so, als würden da Loser reden, die sich über ihren Misserfolg hinwegtrösten. Je nach Betonung könnte es auch eine Drohung sein: Na wartet nur, ihr da oben! Euch wird es irgendwann sicher „derbröseln". Ihr bleibt nicht immer an der Spitze! So wird das Sprichwort oft verwendet. Und das ist theologisch völlig falsch.

Die Letzten sind von vornherein die Gewinner. Sie arbeiten am wenigsten und bekommen im Verhältnis am meisten. Und die Ersten schauen mit dem Ofenrohr ins Gebirge. Sie sind benachteiligt – jedenfalls nach den Maßstäben, die wir haben. Der Weinbergbesitzer wirbt alle drei Stunden von morgens bis abends um sechs Arbeiter an und offeriert ihnen allen den gleichen Lohn. Einen Silbergroschen.

„Ich will euch geben, was recht ist", sagt er. Er nimmt keine Rücksicht auf Tarifabschlüsse. Er wirbt Leute an, schließt mit ihnen individuelle Verträge und zahlt allen das Gleiche. Vielleicht hat die Zeit gedrängt, die Ernte musste vor einem Wettereinbruch eingebracht werden, und Arbeiter, die mit ihrem Tagwerk abgeschlossen hatten, waren nur mit einem Topangebot zu ködern.

Trotzdem müsste der Lohn der Ersten doch aufgestockt werden? Aber der Weinbergbesitzer sagt: „Mein Freund, ich tue dir nicht Unrecht. Bist du nicht mit mir einig geworden über einen Silbergroschen?" Stimmt. So war es abgemacht. Aber der Gesprächspartner ärgert sich. Jetzt wird es moralisch. Der Weinbergbesitzer meint: „Siehst du scheel drein, weil ich so gütig bin?" Dagegen kann man schlecht etwas sagen.

Ich bin halt gütig, komm du mir nicht mit Gerechtigkeit. Aber es wäre wohl doch zu wagemutig, Jesus so etwas zu unterstellen. „Werden wir, die Ersten, bald die Letzten und die Letzten bald die Ersten sein?" Das ist die immer wie-

> **Das Letzte sind wir, wenn wir als Neidhammel durch die Gegend stapfen – ahnungslos, wie intensiv wir selbst auf Güte angewiesen sind.**

der neue Frage nach der eigenen Vormachtstellung, der eigenen Leistung und dem dazugehörigen Verdienst. Es ist der Vergleich, nach Augustin der Anfang der Sünde.

Wer hat mehr, wer kriegt, was ihm zusteht, wer kommt zu kurz? Ich arbeite und der kriegt für nix Sozialhilfe; ich schufte, sie macht sich von Hartz IV einen faulen Lenz. Wer weiß, um wie viel schlechter es uns geht, wenn diese Letzten sich bei uns breitmachen und auf einmal die Nase vorn haben? Womöglich haben wir dann gar nichts mehr zu sagen und können uns auf sozialen Abstieg einstellen.

Ist das so: Wer spät kommt, den belohnt das Leben? Es ist in Ordnung, dass wir versuchen, gerecht zu sein und dem einen mehr zu geben als dem anderen, wenn er es verdient hat. Ich bin gottfroh um dieses Gleichnis. Es erzählt von der Liebe Gottes, die uns nicht vorenthalten bleibt, wenn wir im Leben zu spät kommen, etwas richtig vermasselt, Niederlagen eingefangen und sogar Schiffbruch erlitten haben.

Gott schaut uns anders an als die, die rechtzeitig alles richtig machen. Es ist erleichternd, wenn wir an unsere bisherigen Lebensbilanzen denken. Und es nimmt denen nichts weg, die immer frühzeitig am Start und erfolgreich sind. Die Letzten werden Erste und die Ersten Letzte sein. Das Letzte sind wir, wenn wir als Neidhammel durch die Gegend stapfen –

ahnungslos, wie intensiv wir selbst auf Güte angewiesen sind.

Es ist schäbig, wenn wir Menschen aus anderen Ländern bei uns keine Heimat gönnen – wir, die wir durch einen glücklichen Zufall auf der Sonnenseite des Lebens geboren sind. Wir sind echt die letzten Menschen, wenn wir unbegleitete minderjährige Flüchtlinge vertreiben wollen, die anders als unsere Kinder aus einem unfassbaren Elend kommen. Was wir haben, was uns zuteilwird, ist ein Geschenk.

Ich denke mir, dass die Arbeiter aus dem Weinberg zunächst maulig nach Hause gegangen sind. Dann aber werden sie angesichts anderer, die nicht von der Straße geholt wurden, die nichts verdient haben an jenem Tag, richtig froh gewesen sein, dass sie einen Tageslohn bekommen haben. Wir leben alle miteinander davon, dass mehr zählt als allein die Leistung und unsere vermeintliche Großartigkeit. Wir haben einfach Grund, dankbar zu sein.

Gibt es Dinge in Ihrem Leben, bei denen es wirklich wichtig war, sie vor anderen zu haben, Erster oder Erste zu sein?

„SO WERDEN DIE LETZTEN DIE ERSTEN UND DIE ERSTEN DIE LETZTEN SEIN."
(MT 20,16)

So lautet die paradoxe Schlusspointe einer Jesus-Geschichte aus der Serie „Das Himmelreich ist wie ...". Was für ein unlogisch-ungerechter Satz das doch ist, den da die Arbeiter im Weinberg bei der Entlohnung am Ende des Tages zu hören bekommen. Gleicher Lohn für alle, egal, wie viele Stunden man geackert hat! Ökonomisch steht Jesus als Dilettant da, spirituell aber als genialer Mystiklehrer: Es geht ja um eine besondere Bewusstseinserfahrung außerhalb von Raum und Zeit, die Jesus das „Himmelreich" nennt. Wenn ich spontan oder durch Gebet, Versenkung oder Kontemplation das völlige Freisein von Raum oder Zeit erfahre, spielt es definitiv keine Rolle, wann ich das erlebe, ob mit sechzehn Jahren oder mit sechzig. Plötzlich weiß ich, was das Codewort „Himmelreich" bedeutet: Beide, der Sechzehnjährige und die Sechzigjährige, erhalten den gleichen „Einheitslohn": Das Sakrament des Augenblicks, das Eintreten in die raum- und zeitfreie, einzige, unendliche, strahlende und uns alle einschließende Gegenwart Gottes, der nicht aufhören wird, immer der Erste und der Letzte zugleich zu sein.

Marion Küstenmacher

Nicht sofort drankommen – konkret

Beate Hofmann

Kennen Sie jemanden, der gerne wartet? Warten ist lästig. Wer angewiesen ist auf andere Menschen oder Dinge, fühlt sich schnell ausgeliefert und machtlos. Wir warten im Stau, beim Arzt, an der Ampel, bei Behörden, im Restaurant oder an der Haltestelle. Warten gehört offensichtlich zu unserem Leben dazu.

Macht Ihnen das Warten viel aus? Ich bin extrem ungehalten, wenn mir jemand meine Zeit förmlich stiehlt, weil er mich warten lässt. Ich habe den Verdacht, dass dieses Warten ein Machtmittel ist oder dass es ein Zeichen von Unvermögen ist, einzuschätzen, wie lange etwas dauert. Bis heute verstehe ich nicht, wieso ein Arzt einen Termin vergibt, um danach seine Patienten stundenlang im Wartezimmer sitzen zu lassen. Das ist eine schlampige Organisation und Missachtung der kostbaren Zeit anderer Menschen. Zum Glück gibt es genügend Beispiele, dass es auch anders geht. Doch selbst bei bester Planung gibt es unvorhersehbare Ereignisse, und dann ist die große Frage, wie gehe ich mit Wartezeiten um?

Neulich in Vancouver erhielten wir die Nachricht, dass der Flug eine deutliche Verspätung haben würde.

Sechs Stunden sollten wir auf den Abflug warten. Also checkten wir ein, entschieden uns aber, nicht auf dem Flughafen herumzusitzen. Wir nahmen ein Taxi und fuhren zu einem kleinen Restaurant am Hafen. Dort konnten wir mit Blick aufs Wasser die Abendsonne genießen, hatten Zeit für gute Gespräche bei einem leckeren Essen und verkürzten uns die Wartezeit ganz wunderbar. Außerdem übernahm die Fluggesellschaft später die Kosten und entschädigte uns für dieses Warten. Gerne fliege ich wieder mit dieser Linie.

Doch nicht immer hat man das Gefühl, dass Wartezeiten so gut ausgehen.

Menschen warten auf Freiheit, auf Gesundheit, auf Versöhnung, auf Liebe – und viele von ihnen warten ein Leben lang, ohne dass ihr Warten einen Erfolg hat. Manche warten auf das Eingreifen Gottes, auf die Wiederkunft Jesu, auf eine Gerechtigkeit für alle, auf das Reich Gottes. Warten ist Arbeit, es ist eine Arbeit der Hoffnung. Hoffnung dagegen ist nicht das Wissen, dass etwas gut ausgeht, sondern die Gewissheit, dass etwas Sinn hat, unabhängig davon, wie es ausgeht. Wer mit Hoffnung wartet, der ist nicht untätig, er versucht, seinem Warten einen Sinn beizumessen und gestaltet es auf diese Weise. Es kann hilfreich sein, die Zeit des Wartens als eine Zeit des Wachstums zu verstehen.

Die Letzten werden nicht immer die Ersten sein. Wir sollten die Worte aus dem biblischen Gleichnis der Arbeiter im Weinberg in ihrem Zusammenhang und in ihrer Zeit sehen. Aber vielleicht ist es die gute Nachricht, dass ein Leben mit Wartezeiten leichter zu bewältigen ist, wenn es aus der Kraft des Glaubens heraus gelebt wird.

Drei Coaching-Tipps für ein gelassenes Warten

- Gestalten Sie Wartezeiten aktiv mit, um sich nicht so ausgeliefert zu fühlen. Hier einige Beispiele: Legen Sie für Wartezeiten im Stau CDs, ein Hörbuch, Wasserflaschen und Powerriegel ins Auto. Nehmen Sie sich etwas zu lesen oder schreiben bei Behördengängen mit. Hinterlassen Sie im Wartezimmer die Handynummer und gehen Sie eine Runde um den Block spazieren.
- Nutzen Sie kurze Wartezeiten, zum Beispiel an der Ampel oder Haltestelle, um sich zu entspannen. Vermeiden Sie es, immer gleich das Smartphone zu zücken und sich abzulenken. Achten Sie bewusst auf Ihren Atem und nutzen Sie dies regelmäßig als wirksames Ritual, dem inneren Stressmodus zu entkommen.
- Lassen Sie anderen ab und zu bewusst den Vortritt. Egal ob an der Kreuzung, beim Einkaufen an der Kasse oder beim Aufguss in der Sauna – Sie müssen

nicht überall die oder der Erste sein. Diese Haltung wird Ihnen selbst guttun, denn sie steigert das Gefühl, über genügend Zeit und Großherzigkeit zu verfügen. Es ist entspannend zu wissen: Ich muss nicht immer sofort drankommen. Und manchmal werden die Letzten sogar die Ersten sein.

Probieren Sie es aus: Wenn Sie das nächste Mal den Impuls verspüren, Erster oder Erste sein zu müssen, hinterfragen Sie zuerst, ob das in diesem Fall nötig ist. Vielleicht können Sie auf diese Weise einem Mitmenschen den Vortritt lassen und ihn mit Ihrer großherzigen Geste beschenken.

Ein schönes Gefühl, ein Scheißgefühl: Der Priority-Schalter zum Einchecken am Flughafen ist einerseits unglaublich angenehm. Wenn da nur nicht die lauernden Blicke der in langen Reihen wartenden Economy-Fluggäste wären. Wieso werden wir so rasch abgefertigt, während andere sich die Beine in den Bauch stehen?

Okay, wir haben dafür bezahlt. Ziemlich viel draufgezahlt für diesen geringen Zusatzservice der Premium Economy. Weil wir mehr bezahlen, zahlen die anderen weniger. Ich bin mir nicht ganz sicher, ob die Blicke der anderen nicht pures Mitleid sind statt Missgunst.

Ja, das ist es. Denn oft fliegen wir Holzklasse und denken, ganz unchristlich-abschätzig, über die Priority-Passagiere: Ja, die haben es wohl nötig. Für unseren Flug über Weihnachten nach Malaysia zu unserem frisch ausgewanderten Sohn und seiner Frau probieren wir ein anderes Konzept aus: Sitzkomfort am Notausgang. Das ist viel billiger als alles Priority-Gehabe an Extraschaltern und der rote Aufkleber am Koffer, der kaum abzulösen ist.

Aber wie passt nun wieder das Thema „Nicht sofort drankommen" zum Thema Notausgang? Entweder sind wir, wenn es kracht, „sofort dran", oder wir sind – wieder einmal – die Ersten in der Reihe, diesmal beim Aussteigen. Ich fürchte, wir sind zur Priority geradezu verurteilt.

Eduard Kopp

Großzügigkeit
Susanne Niemeyer

Dass Gott einen sonderbaren Sinn für Gerechtigkeit hat, fand Herr M. schon immer. Jedenfalls findet er es schwer ersichtlich, warum die Letzten die Ersten sein sollen. Wenn Herr M. selbst zum Beispiel in einer Schlange steht und dann drängelt sich einer vor, findet er das überhaupt nicht gut und schon gar nicht gerecht. Andererseits, muss er zugeben, findet er es in bestimmten Situationen schon nett, wenn einer ihn vorlässt. Zum Beispiel, wenn er ganz dringend zur Toilette muss oder den Zug erreichen will und noch eine Fahrkarte braucht.

Vielleicht, sinniert Herr M., braucht manchmal jemand ganz dringend ein Stück Himmel, und das Wunder ist nicht, dass Gott die Sache regelt und den Armen nach vorn schiebt. Sondern dass er etwas in dem Ersten anrührt, das ihn sagen lässt: „Komm, nimm meinen Platz. Ich brauche ihn gerade nicht so dringend." Dann, denkt Herr M., hätte Gottes Gerechtigkeit ganz und gar nichts mit Rechthaben zu tun. Sondern mit Großzügigkeit. Und der Gedanke gefällt ihm.

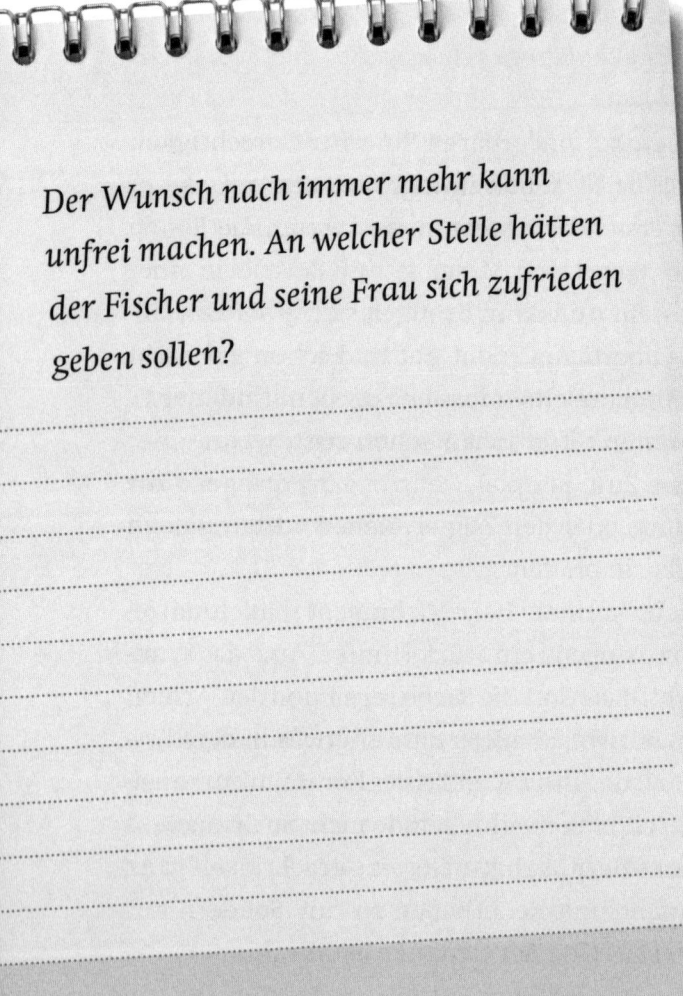

Der Wunsch nach immer mehr kann unfrei machen. An welcher Stelle hätten der Fischer und seine Frau sich zufrieden geben sollen?

DER FISCHER UND DER BUTT

Da ging die Angel auf den Grund, tief, tief hinab, und wie er sie heraufholte, da zog er einen großen Butt heraus. Der Butt sagte zu ihm: „Höre, Fischer, ich bitte dich, lass mich leben und lass mich schwimmen!" So erzählt es das Märchen, weiter heißt es: Der Fischer schenkt dem Fisch die Freiheit. Zu Hause berichtet er seiner Frau. „Hast du dir denn nichts gewünscht?", fragt sie erstaunt. „Nein", antwortet der Mann, „was sollte ich mir denn wünschen?" „Ach", sagt die Frau, „es ist doch übel, hier auf dem alten Pott zu wohnen; du hättest uns doch eine kleine Hütte wünschen können." Er geht zum Meer zurück, ruft den Fisch herbei. Zurück zu Hause sitzt seine Frau bereits vor einer hübschen kleinen, sauberen Hütte. Doch die ist nach einigen Tagen zu eng. Der Fischer geht wieder zum Butt, und als er das Wort „Schloss" sagt, ist auch dieser Wunsch schon erfüllt.

Nun geht es los: Schloss zu klein, König muss es sein, König zu wenig, Kaiser wäre gerade gut genug. Doch das alles reicht nicht. Schließlich tritt der Fischer an das tobende Meer, ruft den Butt und schreit: „… sein wie Gott." „Geh nur hin, sie sitzt schon wieder in dem alten Pott." So bitter schließt das Märchen.

Doch man kann es aber auch ganz anders lesen: Der Butt hat den letzten Wunsch tatsächlich erfüllt. „Sein wie Gott", der Apostel Paulus sagt das so: „Wir haben aber diesen Schatz in irdenen Gefäßen." Gott passt in keinen Palast. Es ist der unbeachtete Moment, in dem ich ihn erlebe, oft sogar mitten im brausenden Leben, da, wo es kein Sofort gibt.

Henning Kiene

Wann geben Sie sich zufrieden?
Was brauchen Sie in Ihrem Leben,
um glücklich zu sein?

Nicht sofort
lospoltern / 5

Nicht sofort lospoltern

Susanne Breit-Keßler

BIBLISCHE MINIATUR
ZU EPH 4

„Friede auf Erden!" lautet einer der wichtigsten Sätze der Bibel. Aber ein Blick in die Heilige Schrift lehrt einen schnell, dass auch dort häufig gestritten wird. Auseinandersetzungen gehören zum Leben dazu. Nur, wie streitet man richtig? So, dass keine unguten, bösen Gefühle zurückbleiben? Ein Geduldiger stillt den Streit und: Lasst die Sonne über eurem Zorn nicht untergehen. Das empfiehlt die Bibel. Richtiges Streiten bedeutet schon mal nicht komplettes Ausrasten.

Was also tun, wenn man nicht gleich lospoltern will? Man muss die eigene Position dem anderen klar und deutlich machen – so, wie er einem die seine nahebringt. Jeder muss vom anderen wissen, was er wirklich denkt und will. Sonst gibt es nur faulen, keinen fairen Frieden. Rechthaberisches Geschrei, mit der Faust auf den Tisch schlagen, ist ebenso wenig sinnvoll wie beleidigtes oder absichtsvolles Schweigen, das den anderen völlig im Dunkeln lässt über Gedanken und Gefühle.

Für einen konstruktiven Streit braucht es einen guten Kontakt zu sich selbst. Man muss spüren, was man will und was nicht, was einem weh- und wohltut, sich Bedürfnisse und Ängste zuerst selbst eingestehen. Man muss sich über eigene Ziele im Klaren sein, bevor man andere damit konfrontieren kann. Zu sagen, was man will, die erkannten eigenen Grenzen und ersehnten Horizonte beim Namen zu nennen, fordert einiges.

Aber ohne Mut zur eigenen Position und Kraft zur Distanz gibt es keinen vernünftigen Streit. Wie sollte der oder die andere sonst wissen, was in einem vor sich geht? Zum Streiten gehört obendrein die Fähigkeit, genau zuzuhören und einander gründlich ausreden zu lassen – einander also ernst zu nehmen und die Meinung des anderen wenigstens zu achten, auch wenn es manchmal schwerfällt. Übrigens: Es gibt gute und schlechte Zeiten für eine Auseinandersetzung.

Manchmal fühlt man sich in der Lage, sich verständlich auszudrücken, so, dass der andere wenigstens nachvollziehen kann, worum es einem geht. Gelegentlich aber spürt man: „Jetzt ist es ganz schlecht.

Ich bin förmlich außer mir und würde, wenn ich etwas sage, richtiges Unheil anrichten. Ich würde bestimmt Worte, Sätze von mir geben, die ich nie wieder zurücknehmen kann." Das ist manchmal so, wenn man gerade mitten ins Herz getroffen wurde.

Wohl dem, der das so spürt – und den Streit auf einen anderen Moment verschieben kann. Es ist wichtig, sich auch in einer solchen Situation mitzuteilen und zu sagen: „Du, mich beutelt es gerade so, dass ich lieber erst für mich sein möchte. Lass uns bitte später darüber reden – ich bin jetzt nicht in der Lage dazu." Wenn es nicht möglich ist, das Problem gleich aus der Welt zu schaffen: Spaziergänge, der Kirchgang, ruhige Augenblicke mit Musik, Meditation oder Gebet wirken Wunder.

Man kann sich in die Betrachtung von Bildern versenken oder feste Gebete beständig wiederholen. Eine Kunst, die wir vergessen oder verdrängt haben, weil der Wirbel des Alltags uns selten zur Ruhe kommen lässt. Aber warum nicht ein Kunstwerk betrachten, sich verlieren in Farben und Formen, um dadurch wieder zu sich zu kommen? Der Schriftsteller Bert Brecht meinte, „für ein gutes Streiten ist Zeit nötig". Nehmen wir sie uns.

Wenn Sie sich an Ihren letzten Streit erinnern – war es ein „guter Streit" oder eher ein Lospoltern? Was können Sie tun, um das Lospoltern zu verhindern?

....

....

....

....

....

....

....

....

EMPÖRT EUCH!

„Empört euch", so heißt ein Essay des ehemaligen französischen Widerstandskämpfers Stéphane Hessel. Er kritisierte in der Schrift vehement politische und wirtschaftliche Fehlentwicklungen, die zu Ungerechtigkeiten und Unfrieden beitragen. Er verband damit den Aufruf zu politischem Widerstand.

Empörung ist in vielen Teilen Europas zu erleben. Auch bei uns. Nur wohin zielt die Empörungen derer, die zum Widerstand gegen „die da oben" aufrufen?

In Leipzig haben wir seit 1981 eine Tradition der Empörung, die auf die Kraft des Gebetes setzt: Die Friedensgebete in der Nikolaikirche. Damals richtete sich die Empörung gegen eine Machtclique, die sich so weit vom Volk entfernt hatte, dass die empörenden Zustände im real existierenden Sozialismus gar nicht thematisiert wurden. Die Friedensgebete entwickelten sich zu einem Ort, wo angstfrei ausgesprochen werden konnte, was Menschen bewegte. Es gab Ort und Zeit für Gottes Wort in einem segensstiftenden Raum, um der Bitterkeit und dem Grimm die Macht zu nehmen.

Nach wie vor gibt es die Friedensgebete in Leipzig. Nach wie vor sind sie wichtig. Gerade, wenn empörte Menschen auf die Straße gehen und nationalistische Töne laut werden, die sich gegen andere Menschen richten – gegen Politiker, gegen Fremde, gegen Flüchtlinge. Mutig gegen solch eine Gesinnung aufzustehen und für die Würde eines jeden Menschen einzutreten, dafür braucht es eine Empörung, die sich nicht vom „Teufel" leiten lässt. „Zürnt ihr, so sündigt nicht!"

Das Gebet hilft, nicht sofort loszupoltern. Es hilft, auf Gottes Weisungen zu hören, gut zu reden, zu sagen, was notwendig ist, und dem Segen Raum zu geben.

Empört euch! Aber nur, wenn es Segen wirkt!

Enno Haaks

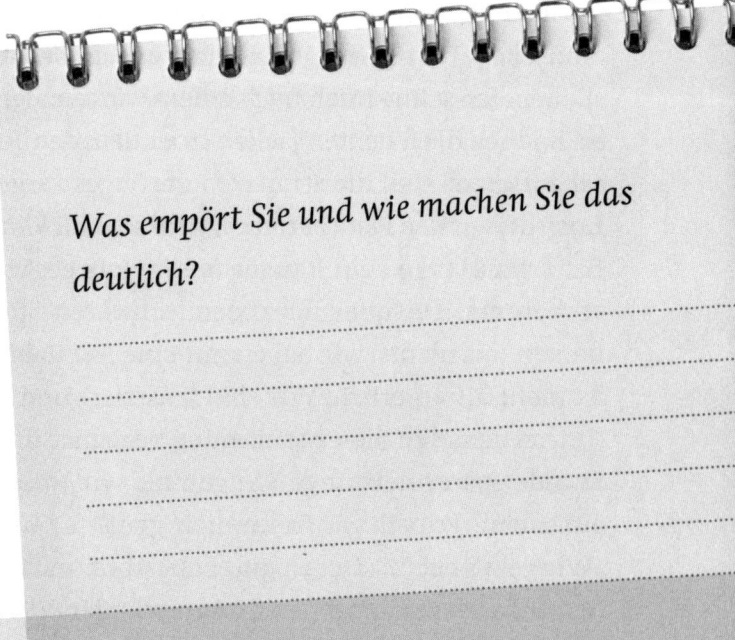

Was empört Sie und wie machen Sie das deutlich?

Nicht sofort lospoltern – konkret
Beate Hofmann

Den ganzen Tag sind wir schon im Kanu unterwegs. Es ist anstrengend bei dem Gegenwind. Immer wieder gibt es kurze Schauer aus tief hängenden, grauen Wolkenbergen. Endlich erkennen wir am Ufer den rot lackierten Pfahl, der das nächste Holzlager für Kanuten anzeigt. Hier werden wir uns mit groben Klötzen eindecken, bevor wir einen Platz für das Nachtlager suchen. Ich sehne mich nach einem wärmenden Feuer. Endlich die feuchten Jacken trocknen, den Teekessel aufsetzen und die Strapazen des Tages vergessen. Doch als wir den Platz betreten, wird schnell klar, hier hat schon lange kein Ranger mehr Holz gesägt und vorbereitet. Die quer liegenden, schweren Stämme nutzen uns nichts, wir haben nur eine Axt dabei. Das ist mehr als ärgerlich. Wir sind frustriert und sauer.

Und genau in dieser Stimmung begegnet uns eine Stunde später der junge Ranger, als wir unser Zelt aufbauen. Kanadisch freundlich grüßt er uns mit „Wie geht's euch?". Der ist gut! Entspannt und freundlich auf andere zuzugehen, ist typisch hier. Vielleicht ist seine Gelassenheit ansteckend, vielleicht sind wir zu müde, um loszupoltern. Es ist dieser kurze Moment, in dem wir uns entscheiden, unseren Frust nicht an ihm auszulassen. „Gut, aber mit einem Feuer würde es uns besser gehen", antworten wir.

„Oh, das ist kein Problem. Holz habe ich an meiner Hütte dort hinten genügend – und zwar schon gehackt in kleinen Scheiten. Bedient euch! Ich bin eben erst zurückgekommen. Sieben Tage daheim bei der Familie waren gut, doch jetzt muss ich dringend die Holzplätze auffüllen", sagt er, tippt grüßend an den Hut und verschwindet im Unterholz. Kurze Zeit später haben wir ein herrlich prasselndes Feuer. Auch die nächsten Tage finden wir auf dem vierunddreißig Kilometer langen See an den Lagerplätzen frisch gesägte Holzblöcke vor, denn der Mann kennt unsere Route und ist uns mit seinem Motorboot immer einige Stunden voraus. Wir winken ihm zu, dankbar, dass er sieht, was uns guttut.

Im Nachhinein haben wir uns über diese Begegnung noch oft unterhalten. Was wäre geworden, wenn wir uns aufgeregt hätten, unserem Ärger deutliche Worte verliehen hätten? Wir hätten uns und ihm den Tag verdorben und hätten vielleicht weder an dem Abend noch an den nächsten Tagen Feuerholz gehabt. Es war gut, nicht gleich loszupoltern.

So läuft das aber nicht immer, denken jetzt manche Menschen. Man muss auch mal laut werden und um sein Recht kämpfen, weil untergeht, wer nicht aufbegehrt. Konflikte gehören zum Leben dazu. Stimmt! Doch die Kunst besteht ja nicht darin, Konflikte zu vermeiden, sondern sie konstruktiv zu lösen. Wie kann ich meine Meinung mit klaren Worten sagen ohne zu verletzen? Wie gelingt es mir, den anderen zu überzeugen, statt zu überwältigen? Menschen, die sofort laut werden, verletzen mit Worten. Und einmal ausgesprochen ist es mit solchen Worten wie mit Creme aus einer Tube. Draufgedrückt und raus damit. Wer bittere, beschämende, beleidigende oder grobe Worte benutzt, der hat es schwer, sie zurückzunehmen. Die Frage ist, wie kann ich meine Emotionen vorher regulieren? Was hilft mir, in besonders aufgeladenen, stressigen oder ärgerlichen Situationen bedacht zu bleiben? Wir brauchen beides, innere Ruhe, um mit Weisheit zu reagieren, aber auch den Mut, einen Streit zu bewältigen und dies nicht auf den nächsten Tag zu verschieben. Am Anfang war das Wort und das Wort war bei Gott – mir helfen diese biblischen Gedanken, um zu trauen auf die Kraft der guten, der leisen, der klaren Worte und Gott um solche zu bitten.

Vier Coaching-Tipps für eine gelassene Kommunikation in Streitfällen
Das lateinische Wort *resilere* bedeutet „abprallen". Was kann Ihnen helfen, Ärger, Streit oder Wut weni-

ger an sich heranzulassen? Wie können Sie Ihre emotionale Selbststeuerung besser in den Griff bekommen, ohne gleich zu poltern, tief verletzt zu sein oder andere zu verletzen? Hier ein paar Möglichkeiten. Sammeln Sie darüber hinaus Ideen, die Ihnen ganz individuell helfen.

- Gehen Sie nach einem Konflikt raus in den Park oder Wald. Laufen Sie durch Feld und Wiese spazieren. Hauptsache an die frische Luft, in die Natur. Dort gewinnen Sie natürlich Abstand und können Ihre Gedanken klären.

- Reagieren Sie nicht unmittelbar. Atmen Sie tief durch, zählen Sie innerlich bis zehn oder vergegenwärtigen Sie sich einen Satz in Anlehnung an Eph 4: „Ich rede, was gut ist, was aufbaut und was notwendig ist, damit es Segen bringt." Antworten Sie erst danach. Das sorgt für eine Pause, entspannt Sie innerlich, beruhigt Ihre Stimmlage und gibt dem Gehirn dringend benötigten Sauerstoff zum klaren Denken.

- Bitten Sie Ihr Gegenüber um eine Pause oder Bedenkzeit. Sondieren Sie Ihre Emotionen und die sachlichen Argumente auf dem Papier. Das hilft, beides nicht auf ungute Weise zu vermengen, und verschafft Ihnen den notwendigen Durchblick.

- Lassen Sie den Tag nicht im Zorn zu Ende gehen. Nutzen Sie die Kraft des Gebetes als Ort, an dem Sie geborgen, geliebt, unverletzbar sind. Machen Sie sich bewusst, dass auch Ihr Kontrahent ein Mensch ist, der in Gottes Augen wertvoll ist. Schreiben Sie Ihrem Streitpartner noch an diesem Abend einen Brief, in dem Sie Ihre Sichtweise noch einmal erläutern und eine Brücke zum Versöhnen bauen.

Wie kann es Ihnen gelingen, Ihre Meinung mit klaren Worten zu sagen, ohne dabei zu verletzen? Was könnte Ihnen dabei helfen?

ALFONS UND BRUNO

Aufgebracht schießt es mir durch den Kopf: Kinder, das gibt eine Standpauke, die sich gewaschen hat. „Alfons, Bruno, kommt sofort zur Oma", rief ich die Treppe hinauf. Wieder einmal hatten die beiden sich heimlich in Großmutters Zimmer geschlichen. Wie herrlich lässt es sich da malen, schneiden, kleben, spielen ... Die Schreibtischplatte war übersät mit bunten Schnipseln, zu denen sich offensichtlich die gerade eingetroffenen Urlaubskarten prächtig verarbeiten ließen. Eine Leidenschaft, die der vierjährige Alfons nun schon seit einiger Zeit an den Tag legt. Die rote Ledercouch, die dem Schreibtisch gegenüberstand, hatte dank der wasserfesten blauen und schwarzen Textilmarker ein neues „Design" erhalten. Das sah sehr nach dem ein Jahr jüngeren Bruder Bruno aus. Munter war die Sitzfläche mit einem undefinierbaren Strichgewirr überzogen, währenddessen mir Papierfetzen aus dem aktuellen Gemeindejournal von der Schranktür entgegenwinkten. Der Klebestift hatte ganz Arbeit geleistet.

„Alfons, Bruno — kommt ihr endlich runter", rief ich nun schon zum zweiten Mal laut und bestimmt ins obere Stockwerk hinauf. Mit strahlenden Kinderaugen trippelten die beiden schließlich die Treppe herunter. „Oma, wir haben eine Überraschung für dich. Wir haben ein schönes Bild gemacht", trällerte Alfons mir zu. „So?", blicke ich die beiden fragend an. „Ja, ich habe alles aufgeklebt. Und Bruno

hat auch mitgemacht." Ich staunte. Das Bild in Alfons Händen war wirklich hübsch. „Schau, Oma, da sind die Wolken, eine Sonne, ein Haus, da wohnen wir ... die Wiese, Blumen; und das ist ein Traktor." „Hm, prima. Vielen Dank." Das war Entwaffnung pur. Und mein Zimmer? Na ja ... Urlaubskarten zerschneiden — sehen wir's positiv: Training der Feinmotorik. Strichgewirr auf der Ledercouch? „Oma, das sind keine Striche. Das ist unsere Geburtstagsgirlande. Spielst du jetzt mit uns Geburtstag?" „Und was ist mit dem Schrank?"

„Oma, das ist doch deine Merkwand. Da steht alles dran, was wir machen wollen", belehrte mich Alfons mit bedeutungsvoller Miene. „Ach so", zeige ich mich überzeugt und fühle mich zugleich inspiriert: „Da spielen wir jetzt am besten erst mal Geburtstag. Und Kinder, ich habe auch schon einen Geburtstagswunsch." „Oma, was wünschst du dir?" „Lieber Alfons, lieber Bruno, ihr seid so liebe Enkel. Oma wünscht sich, dass wir jetzt alle drei gemeinsam Omas Zimmer aufräumen. Dann haben wir ganz viel Platz und können ein richtig schönes Geburtstagsfest feiern."

Christine Lieberknecht

Wer oder was hat Sie zuletzt so richtig auf die Palme gebracht? Probieren Sie mal einen Perspektivwechsel aus — das macht den Blick frei und eröffnet manchmal die Sicht auf ungewöhnliche Lösungen.

Innehalten

Susanne Niemeyer

Herr M. liebt Höflichkeit. Da ist er hoffnungslos alt-
modisch und hält einer Frau die Tür auf. Natürlich
darf auch sie ihm die Tür aufhalten, darauf kommt
es gar nicht an – Hauptsache, sie knallt keinem ins
Gesicht. Er mag es auch, wenn Menschen „Guten Tag"
sagen, wenn sie einen Raum betreten, und „Bitte" und
„Danke" zu sagen, gehört für Herrn M. zum gesellschaftlichen Minimalkonsens. Im Internet scheint
dieser Konsens zuweilen aufgelöst. Als fänden die
Menschen es in seiner scheinbaren Anonymität über-
flüssig, sich von ihrer guten Seite zu zeigen. Wenn
Kevin Claudia mit Häme überzieht und Claudia wüst
zurückpoltert, dann schämt sich Herr M. und wünscht
sich sehnlichst ein Fenster, das plötzlich aufpoppt
und sich nicht wegklicken lässt:

Sehr geehrter Mensch,

wollen Sie das wirklich abschicken?
Bitte denken Sie fünf Sekunden darüber
nach, ob die Welt Ihren Beitrag wirklich
braucht.

Wenn Sie nicht sicher sind, legen wir Ihnen diese drei Fragen ans Herz:

Dient Ihr Beitrag dazu, die Welt freundlicher zu machen?

Handelt es sich um etwas, das aus Gründen des Friedens oder der Gerechtigkeit gesagt werden muss?

Würden Sie diese Worte auch Ihrer Großmutter ins Gesicht sagen?

Bei Bejahung mindestens einer dieser drei Fragen klicken Sie auf „posten".

Hochachtungsvoll,
Ihr Engel, Abteilung Internet

EINE NACHT DRÜBER SCHLAFEN

Das ist bezeichnend für mein Leben. Nicht, weil ich so furchtbar cholerisch wäre, sondern weil ich nicht warten kann. Ich habe so oft in meinem Leben auf eine E-Mail, einen Brief, einen Anruf sofort reagiert – und dies dann anderntags tief bedauert.

Gedanken können noch bei einem sein, sich verändern und sich abschwächen, aber Worte sind draußen, man kann sie nicht mehr zurückholen.

Wer lospoltert, ist immer im Unrecht. Er ist laut, heftig, manchmal nur versehentlich verletzend, sagt unbedachte Dinge und kann doch noch überhaupt nicht überblicken, worum es ganzumfänglich geht.

Ich zwinge mich mittlerweile dazu (und ich gebe zu, es fällt mir noch schwer!), wichtige Antworten eine Nacht ruhen zu lassen. Mein Trick ist der: Ich tue so, als würde ich sofort antworten, schicke die E-Mail aber nicht ab, sondern lege sie in meinem Entwurfs-Ordner. Und es hat noch keinen Fall gegeben, in dem ich sie am nächsten Tag dann tatsächlich genauso losgeschickt hätte.

Wir sollten alle lernen, nicht loszupoltern, sondern erst ein bisschen abzuwarten und die Situation einzuschätzen. Dann wäre die Welt eine friedlichere. Ich würde mich sehr freuen, wenn Donald Trump und Recep Tayyip Erdoğan diese Zeilen ebenfalls lesen würden!

Christoph Sonntag

Welchen Satz, welche E-Mail würden Sie gern zurückholen? Was können Sie tun, um die möglicherweise entstandenen Verletzungen abzumildern?

WAS WIRKLICH WICHTIG IST

„Oh nein!", rufe ich: Meine Enkeltochter ist gerade dabei, mit der Gabel fröhlich ein paar Spuren im Holz von meinem nagelneuen Esszimmertisch zu hinterlassen. Meine Tochter sagt zu ihr: „Jetzt musst du dich bei Omi entschuldigen!" Meine Enkeltochter schaut mich an, die Mundwinkel gehen nach unten, gleich wird sie losweinen, fürchte ich.

Ich habe mich hinterher über mich selbst geärgert. Was soll's? So ein Tisch ist doch nicht zur Dekoration da, er ist Teil des Lebens! Inzwischen hat er schon eine ganze Menge Macken. Da sind: kleine Flecken von der ständig tropfenden Kaffeekanne, die „Brandwunde" vom Adventskranz, der anfing in Flammen aufzugehen, ein tiefer Kratzer vom Raclette am Heiligen Abend und zuletzt kleine Zahnspuren von meinem jüngsten Enkel, der richtig gern hineingebissen hat. Der Tisch hat begonnen, Familiengeschichten zu erzählen. Das gefällt mir außerordentlich gut.

Margot Käßmann

Nicht sofort aufgeben / 6

Nicht sofort aufgeben

Susanne Breit-Keßler

BIBLISCHE MINIATUR
ZU LK 13,6–9

Gott kann offenbar die Geduld verlieren; er ist kein nur lieber Gott, kein kuscheliger Plüschteddy, der bloß zum Knuddeln da ist. Er meint es ernst. Wie stehen wir etwa da, wenn wir danach gefragt werden, ob wir unseres Bruders und unserer Schwester Hüter sind? Es ist bodenlose Sünde, wenn wir in glückseliger Geborgenheit leben und munter zuschauen, wie der Rest der Weltbevölkerung leidet – unter Kriegen, Hunger, Krankheiten und Armut.

Der Weingärtner, Christus, bittet darum, den Feigenbaum noch ein Jahr zu lassen, damit er ihn umgraben und ihn düngen kann: „Vielleicht bringt er doch noch Frucht; wenn aber nicht, so hau ihn ab." Muss man da nicht sein Bestes geben? Ja, unbedingt.

Aber die Haltung, unsere Mentalität dabei ist das Entscheidende. Nicht wir sind der Weinbergbesitzer, auch nicht der Gärtner. Wir sind das Subjekt ihrer Aufmerksamkeit, ihrer großzügigen Liebe und ihrer Fürsorge.

Jesus macht Mut zu geglückten Halbheiten, zu einem Leben in der Gewissheit, dass Gott uns bewegen und tragen wird, unsere Sehnsucht stillt nach einem Halt außerhalb unseres unvollkommenen Selbst. Unsere Sehnsucht nach etwas, das wir nicht selbst herstellen müssen. Nach jemandem, der uns hegen und pflegen will. Ein Jahr bekommt der Feigenbaum, um sich mit Gottes Hilfe zu ändern. Diese Frist macht einem bewusst, wie kostbar das Leben ist und dass jeder Tag, jede Stunde und jede Minute ein Geschenk ist.

Dass wir leben dürfen, ist nicht selbstverständlich. Wenn wir behütet sind, könnte das auch anders sein. Realistisch gesehen, ist das Leben nicht völlig in den Griff zu kriegen. Und: Wir bekommen Gottes Liebe gratis. Wenn uns ein Mensch liebt, wie wir sind, ohne Vorbedingungen zu stellen – das vermittelt eine Ahnung von Gottes Liebe. Unsere Geschichte ist dann ein Teil seiner Lebensgeschichte, so, wie unser Leben ein Teil von Gottes heilvoller Geschichte mit allen Menschen ist.

Wir bekommen die Kraft, die Energie, die Fantasie und die Lust zu leben und Leben zu gestalten von

Gott. Und wenn wir ein wenig wanken, wankelmütig sind, Angst haben zu versagen, es nicht allein zu schaffen, steht er längst bereit, uns zu halten und aufzufangen. Wir müssen es uns nur manchmal vorsagen wie ein Mantra und es anderen zärtlich ins Ohr flüstern, damit sie es auch glauben können: Gott ist der Gärtner unseres Lebens.

Von Ingeborg Bachmann gibt es einen Gedichtband mit dem Titel „Die gestundete Zeit". Was uns geschenkt ist, ist gestundete Zeit. Gehen wir andächtig damit um. Zeit ist ein kostbares Geschenk. Gehen wir mit ihr um wie mit einem kostbaren und alten Wein: seinen Duft atmen, langsam trinken in kleinen genussvollen Schlucken. Nicht aufgeben, wenn wir scheitern im Leben und Niederlagen einfahren – sondern wissen, dass wir eine geliebte, kostbare Pflanze sind und neu austreiben dürfen.

Womit sind Sie zuletzt gescheitert?
Und von wem fühlten Sie sich aufgefangen?

Zeit schenken
Katrin Göring-Eckardt

Einem jungen Menschen Zeit zu geben, damit er seine Persönlichkeit entwickeln kann, eine Idee reifen zu lassen, damit sie groß wird, oder eine Frucht in Ruhe wachsen zu lassen, damit sie wirklich schmeckt – das gelingt immer seltener in einer Welt, die auf maximalen Output bei minimalem Aufwand setzt. Das lässt uns nicht selten oberflächlich, eintönig und ausgelaugt zurück. Dagegen steht dieses Gleichnis vom Feigenbaum. Es bestärkt mich darin, langen Atem zu haben in aller Geschäftigkeit, Vertrauen auch, dass etwas gut werden kann, auch wenn es noch nicht danach aussieht. Und darin, mutig zu sein und für weitsichtige politische Entscheidungen einzutreten, die vielleicht erst in Jahren Früchte tragen.

DER GROSSE GÄRTNER

Ich habe einen schwarzen Daumen. Eine Pflanze, die bei mir durchhalten will, muss zäh sein. Trotzdem bin ich seit drei Jahren auf den Garten gekommen. Den versorgt hauptsächlich mein Lebenspartner. Ich erledige die Hilfsarbeiten und lerne eine Menge.

Zum Beispiel, wie wichtig Rausreißen und Beschneiden ist. Am Anfang hatte ich Scheu, die unteren Triebe an einem Rosenstock zu stutzen, damit die oberen Blätter kräftiger wachsen. Unkraut oder politisch korrekt „Beikraut" kann schön aussehen. Da fällt das Rausrupfen schwer. Es muss sein, wenn der Garten nicht völlig verwildern soll.

„Hau ihn ab!", befiehlt der Weinbergbesitzer seinem Gärtner. Fachlich verständlich bei einem Baum, der schon im dritten Jahr keine Früchte trägt. Die Worte schlagen ein wie eine Axt: „Hau ihn ab!" Wer nicht liefert, was man von ihm erwartet, wird umgehauen.

„Herr, lass ihn noch dies Jahr, bis ich um ihn grabe und ihn dünge", bittet der Gärtner. Noch dies Jahr. Eine Gnadenfrist. Aber auch ein Quäntchen Hoffnung. Weil da einer ist, der nicht nur erwartet, dass man liefert. Er gräbt um und düngt. Er kümmert sich. Er weiß: Auch wo nichts ist, kann etwas werden. Und der Weinbergbesitzer hört auf sein Herz. Nicht sofort, aber gleich.

Martin Vorländer

Nicht sofort aufgeben – konkret

Beate Hofmann

Florence Chadwick ist eine Legende unter den Langstreckenschwimmerinnen. Nachdem sie den Rekord beim Durchschwimmen des Ärmelkanals gebrochen hatte, bereitete sie sich intensiv auf eine neue Herausforderung vor. Von der kleinen, westlich von Kalifornien im Pazifik gelegenen Insel Catalina wollte sie vierunddreißig Kilometer durch das eisige Meer bis an die kalifornische Küste schwimmen. Nur achthundert Meter von ihrem Ziel entfernt, nach stundenlangem Schwimmen gab sie völlig entkräftet auf und lies sich von Beibooten aus dem Wasser ziehen. Alles gute Zureden, dass sie nicht aufgeben solle und schon ganz kurz vor der Küste sei, half nicht. Später sagte Florence, es war der dichte Nebel über dem Meer, der sie entmutigt hatte. Sie konnte das Ziel nicht sehen. Interessanterweise nahm sich Florence Chadwick dieselbe Strecke wenig später erneut vor, und diesmal brach sie mit dreizehn Stunden und siebenundvierzig Minuten den seit fünfundzwanzig Jahren bestehenden Streckenrekord eines Kollegen. Statt aufzugeben hatte sie daran gearbeitet, sich die Küste innerlich vorzustellen und war unabhängiger von äußeren Widrigkeiten.

Wer Herausforderungen in Schule, im Beruf, in Familie oder im eigenen Glaubensleben bestehen möchte, der muss gute innere Bilder entwickeln, eine Vision dessen, was entstehen kann. Nebel und Leben sind Wörter mit den gleichen Buchstaben. Es kommt nur darauf an, wie du diese fünf Buchstaben zusammensetzt, und schon entsteht etwas ganz anderes. Es kommt auf die individuelle Perspektive an. Sehe ich die Chance, das Gute, die Möglichkeit, oder sehe ich nur die Schwierigkeit und das, was misslungen ist.

Im Gleichnis vom Feigenbaum sieht der Weingärtner das Bild eines wachsenden Baumes vor sich, obwohl die Pflanze bisher kümmerlich aussieht. Er bleibt zuversichtlich, hoffend und will sein Möglichstes tun, um die Pflanze zu hegen. Haben Sie solche Erfahrungen mit Menschen oder Projekten gemacht?

Mein Mann hat viele Jahre mit Jugendlichen gearbeitet. So mancher Vierzehnjährige war schwierig in seinem Verhalten und mit seinen Eigenarten, für eine verantwortliche Mitarbeit kaum zu integrieren. Ich habe meinen Mann immer für seine unglaubliche Zuversicht, seine Geduld und das Vertrauen in diese jungen Leute bewundert. Ich selbst hätte längst aufgegeben. Er hatte das Bild von reifen Persönlichkeiten vor Augen, die ihre Begabungen mit Energie und Fantasie einbringen. Heute freue ich mich mit ihm, wenn wir sehen, dass dieses Bild in vielen Fällen Wirklichkeit geworden ist. Wir brauchen ein weites Herz und einen visionären Blick, der sich ein gutes Bild der Zukunft malt. Dann wird es gelingen, so manches Scheitern als einen Zwischenstopp auf dem Weg zu sehen und weiterzumachen, statt sofort aufzugeben.

Vier Coaching-Tipps, um Zuversicht und Hoffnung zu mehren

- Erinnern Sie sich daran, wo Sie mit viel Geduld drangeblieben sind und was heute eine gereifte, gute Erfahrung ist. Aktivieren Sie die Kraft, dranzubleiben, indem Sie sich Gelungenes in Erinnerung rufen. Denken Sie nur an Ihre Jugendliebe. Sind Sie drangeblieben?
- Üben Sie sich im Imaginieren. Viele Ärzte, auch Traumatherapeuten arbeiten mit dem inneren Bild. Malen Sie sich aus, wie etwas Belastendes leichter wird oder wie schön es sein wird, wenn Sie etwas Schwieriges, zum Beispiel eine Prüfung, ein Konfliktgespräch, eine Bewerbung oder eine Herausforderung, bewältigt haben.
- Zuversichtliches Denken lässt sich gezielt üben. Sie können gute Emotionen wie Neugier, Staunen, Freude, Begeisterung allein dadurch mehren, indem Sie diese bemerken. Dafür empfehlen Psychologen immer wieder das Ritual eines Danke-Tagebuches, in dem wir abends drei bis fünf Momente notieren, die

uns glücklich oder dankbar gemacht haben. Selbst wenn Sie diese nicht notieren, sondern allein in Ihren Gedanken oder Gebeten nochmals erinnern, vertiefen sich damit die positiven Emotionen und Ihre persönliche Haltung der Zuversicht.

• Orientieren Sie sich an Menschen, die Lösungen und Möglichkeiten statt Krisen und Katastrophen sehen. Eine gute Möglichkeit dazu bietet der französische, vielfach prämierte Dokumentarfilm „Tomorrow – Die Welt ist voller Lösungen". Hier werden Menschen und Initiativen vorgestellt, die dort handeln, wo sie können und damit zu Hoffnungsträgern werden.

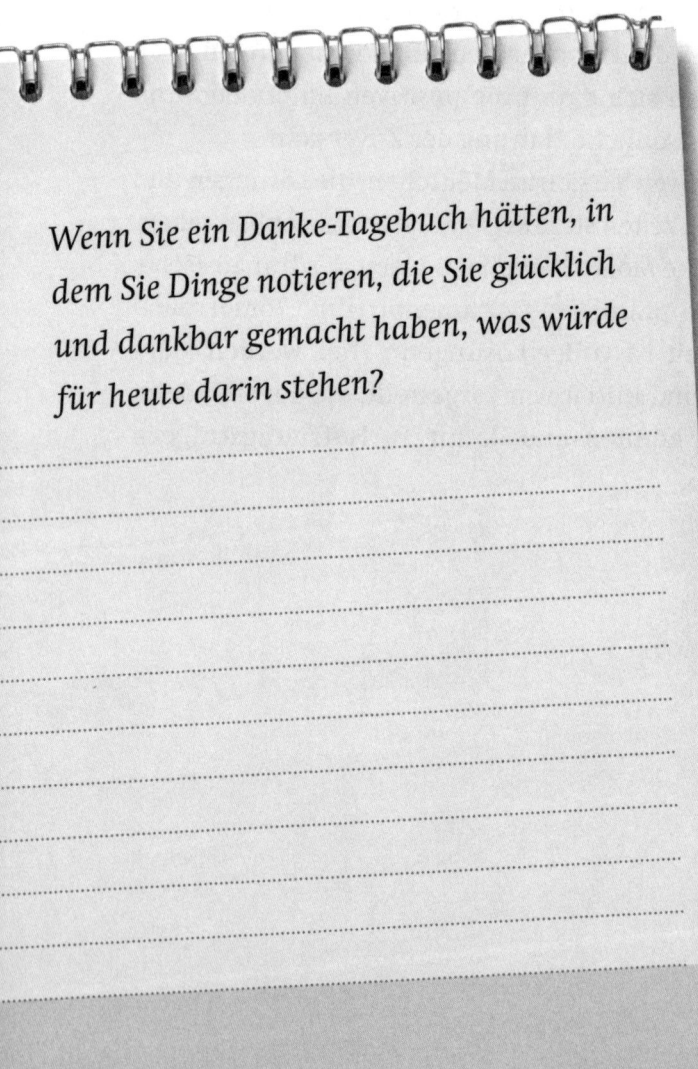

Wenn Sie ein Danke-Tagebuch hätten, in dem Sie Dinge notieren, die Sie glücklich und dankbar gemacht haben, was würde für heute darin stehen?

....

....

....

....

....

....

....

....

....

....

WAVEBOARD ALS LEBENSSCHULE

Meine achtjährige Tochter hat zum Geburtstag ein Wave-board bekommen. Das ist eine Art Skateboard, was in der Mitte ein Scharnier hat und auf dem man sich mit eleganten Hüftschwüngen fortbewegt. Im Idealfall. Ich kann nicht mal aufsteigen. Aber sie hat zwei Nachmittage durchgeübt. Sieht schon cool aus.

Manchmal heißt nicht gleich aufgeben sich durchbeißen. Aufsteigen, umfallen, aufstehen, nochmals aufsteigen.

Manchmal aber nützt das alles nichts. Die Feigen am Baum lassen sich nicht erbeißen und nicht erzwingen. Das Gras wächst nicht schneller, wenn man daran zieht. Und Menschen – Kinder und Erwachsene – sind nicht dann so weit, wenn es im Kalender steht. Da ist es mit Üben nicht getan und auch nicht mit Kämpfen. Nicht aufgeben heißt dann, den Baum nochmals gießen, düngen, pflegen. Die Menschen noch ein Stück liebevoll begleiten. Und die gelassene Hoffnung – oder die hoffende Gelassenheit – nicht aufgeben.

Vielleicht versuch ich's ja doch nochmal mit dem Wave-board.

Christina Aus der Au

GEDULD

„Merkwürdig", murmelt Herr M. am Frühstückstisch, nachdem er einige Tage auffallend schweigsam war. „Was denn?", fragt Frau M. und schaut von ihrem Ei auf. „Ach, ich habe Gott um etwas gebeten, eine kleine Sache nur, aber doch eine wichtige. Aber es passiert nichts. Gott schweigt." Ratlos blickt er seine Frau an. „Hm", erwidert sie. „Ist es vielleicht etwas, um das du dich selbst kümmern solltest?" „Nein", antwortet Herr M. und schüttelt den Kopf. „Ist es etwas, das dir nicht gut täte? Oder einem anderen?" Herr M. streicht nachdenklich Honig auf sein Brot. „Nein, ich denke, das ist es auch nicht." „Eilt es denn?" „Nicht direkt." „Nun", fasst Frau M. zusammen, „in diesem Fall braucht Gott wahrscheinlich einfach noch etwas Zeit." Herr M. findet es einen ganz und gar sonderbaren Gedanken, dass Gott, der Ewige, Zeit brauchen könnte. Andererseits: Warum sollte nicht auch die Langsamkeit eine Seite Gottes ein?

Susanne Niemeyer

Gottes Zeit
feiern

Gottes Zeit feiern

Susanne Breit-Keßler

BIBLISCHE MINIATUR
ZU GEN 2,1–22

Sechs Stunden vor dem Ende des Sabbat, mitten in München. Tausende von Menschen haben sich versammelt, um gegen den Terror von Neonazis zu demonstrieren. Charlotte Knobloch, Präsidentin der Israelitischen Kultusgemeinde, steht schweigend auf dem Podium, auf dem sich Redner und Rednerinnen abwechseln. Der Sabbat, der Tag, an dem der Schöpfung Hände und Geist entzogen werden und dem Schöpfer alle sieben Tage sein Werk bescheiden wieder zu Füßen gelegt wird, hält sie davon ab, laut zu den Versammelten zu sprechen.

Am Ende schreitet Charlotte Knobloch langsam an den Rand des Podiums. Ganz vorne bleibt sie stehen. Es ist atemberaubend still unter den Tausenden. Ohne

Verstärker, mit großer Bewegung in der Stimme, sagte sie, sie sei nun wieder zu Hause in München. Nur die Menschen in den vordersten Reihen der Demonstranten hatten sie verstehen können, den anderen wurden ihre Worte in Windeseile, ganz ohne Lärm weitergesagt. Dann, nach einem beredten Schweigen, ertönt lang anhaltender Beifall. Was das damit zu tun hat, Gottes Zeit zu feiern? Eine Menge.

> " Menschen sind weitaus mehr als alles, was sie zu leisten vermögen oder auch nicht. "

Am Sabbat wird Abstand geschaffen zwischen dem Menschen und allem, was er mit Körper und Geist beherrscht. Der Sabbat lehrt, innezuhalten – und sich von dem Wahn zu verabschieden, man sei allmächtig. Solch weise Selbsterkenntnis bewirkt geistige Befreiung und körperliche Ruhe. Der Sonntag, von Christen schon früh anstelle des Sabbats als Tag der Ruhe und des Gottesdienstes verstanden, setzt ebenfalls eine notwendige Zäsur im Alltag. Mit ihm beginnt die Woche: Er erinnert an die Auferstehung Christi, den Anfang einer völlig neuen Welt.

Natürlich gibt es auch lethargisches Leiden am Sonntag. Generationen von Jugendlichen haben sich bei Mittagessen und nachfolgendem Spaziergang gelangweilt. Wer allein ist, spürt am Sonntag besonders, dass er jetzt auf sich selbst zurückgeworfen ist. Was liegt näher, als in den Keller zu schleichen und zu waschen, von Nachbarn ungesehen Fenster zu putzen oder die Lohnsteuererklärung zu machen. Ganz „Mutige" jagen sogar Dübel in die Wand – es dauert ja nur ein paar Minuten. Andere behaupten, nur am Sonntag Zeit zu haben für die fällige Hausarbeit.

Warum eigentlich gibt es für das Wochenende so viele Angebote, die Seele baumeln zu lassen und dadurch zufriedener, ausgeglichener zu werden? Warum entwickeln Frauenzeitschriften ganze Programme für erholsame Wochenenden daheim? Nichts gegen Anti-Stress-Kuren, Orangen-Grapefruit-Bäder und „Workouts" zu Hause. Gönnen Sie sich so was ruhig! Mich jammert nur, wenn geistvolle und sinnliche christliche Traditionen in den Müll geworfen werden, um dann krampfhaft nach teurem Ersatz für das Verlorene zu suchen.

Der Sonntag setzt einen heilsamen Akzent in der Gleichförmigkeit des Lebens, er wehrt einer Betriebsblindheit, die einen wie den berühmten Hamster im Rad agieren und auch noch in der letzten Oase mit dem Staubwedel herumfuchteln lässt. Der Sonntag und seine Rituale schaffen erst die Möglichkeit, erleichtert bei sich selbst zu landen und zu anderen zu finden. „Lazy Sunday afternoon, I got no mind to worry", fauler Sonntag, ich habe keinen Sinn dafür, mir

Sorgen zu machen – das haben die Small Faces in meiner Jugend gesungen.

„I close my eyes and drift away", ich schließe meine Augen und treibe dahin. Aus Arbeitssklaven werden freie Menschen, die eine Mischung aus Wehmut und Tatendrang beim Abschied des Sonntags fühlen, wenn die Ahnung des sorgenfreien Paradieses dem Herannahen neuer irdischer Hast weicht. Sonntag: Menschen sind weitaus mehr als alles, was sie zu leisten vermögen oder auch nicht. Erst kommt die Zusage, unabhängig von allen Erfolgen ein wertvoller Mensch zu sein, dann die wöchentliche Leistung: So herum wird ein großartiges Lebensgefühl daraus.

Und ruhte am siebenten Tage

Eva Jung

So wurden vollendet Himmel und Erde mit ihrem ganzen Heer. Und so vollendete Gott am siebenten Tage seine Werke, die er machte, und ruhte am siebenten Tage von allen seinen Werken, die er gemacht hatte.

Und Gott segnete den siebenten Tag und heiligte ihn, weil er an ihm ruhte von allen seinen Werken, die Gott geschaffen und gemacht hatte. So sind Himmel und Erde geworden, als sie geschaffen wurden. Es war zu der Zeit, da Gott der HERR Erde und Himmel machte (Gen 2, 1–2).

Als Designerin liebe ich diesen Text. Ein toller Auftakt in die Bibel! Ich fühle mich sehr hingezogen zu diesem Gott, der sich hier als großer Gestalter, Kreativer und „Neues-aus-der-Taufe-Heber" präsentiert. Aus dem Text und seinen Details kann man viel lernen für das eigene Gestalten. Darüber hinaus ist der Rhythmus des Textes faszinierend – er klingt wie Musik. Tanzt Gott, während er alles erschafft? Am sechsten Tag kreiert er die Menschen, haucht ihnen Leben ein und zieht sie gleich mit auf die Tanzfläche. Er fordert sie auf, in den Reigen mit einzusteigen, dreht mit ihnen einige Pirouetten durch die neue Schöpfung und:

hüpft mit ihnen zu allererst mal auf die Couch. Nichts überstürzen! Durchatmen, langsam angehen lassen. Erst mal das genießen, was ist. Es bleibt noch unendlich viel Zeit, alles zu entdecken. Gottes Geschichte mit seinen Menschen startet völlig überraschend mit einem gemeinsamen freien Tag. Und das soll nicht die Ausnahme bleiben. Sondern die Regel. Herrlich!

Was sind Orte, an denen Sie ausspannen können?

DER SONNTAGS-BUTTON

Im Jugendclub steht eine alte Button-Maschine. Und ich weiß noch, wie sie funktioniert. Also habe ich mir einen Button gemacht. Knallbunt. Mit dem schönen Aufdruck: „Heute ist Sonntag!" Dann habe ich mir das Ding angesteckt und bin in den Gottesdienst gegangen – der für manche längst eine Mitarbeiterbesprechung mit liturgischer Umrahmung geworden ist. Und natürlich geht es direkt am Eingang los: „Hallo! Schön, dass du da bist. Kannst du mir für den neuen Gemeindebrief heute noch ein Foto schicken?" Ich deute grinsend auf den Button und sage: „Nein!" Da kommt der Nächste: „Du, wir brauchen für heute Abend noch eine Powerpoint-Präsentation." Fingerzeig. Nein. Der Dritte will einen Termin ausmachen, die Vierte ein paar Details wegen der anstehenden Freizeit klären. Nur ganz kurz. Nein. Und nochmals nein. Ich habe das schöne Gefühl, dass der Button auf meiner Brust immer größer wird. Wie auch mein Herz. Morgen gerne. Nicht heute. „Heute ist Sonntag!" Ja.

Fabian Vogt

118

Können Sie gut „nein" sagen?

Wenn nicht, was hält Sie davon ab?

DER BRENNENDE DORNBUSCH

Nicht jeder Gottesdienst ist ein Highlight. Gottesdienst ist oft nicht mehr als geistliche Übung am Feiertag, zu der ich mich selbst überreden muss, wie zum Joggen, Putzen oder zur regelmäßigen Chorprobe. Gottesdienst macht nicht Spaß und muss auch nicht Spaß machen. Er ist Übung. Selbstgesetzte Auszeit zur Konzentration auf Gott. Man kann sich gute Rahmenbedingungen für solche Konzentration suchen: eine schöne Kirche, eine fröhliche Gemeinschaft, einen anregenden Prediger, einen Ort in der Natur. Aber dass es zu einer Begegnung kommt, die mich von oben her berührt, lässt sich nicht organisieren.

Manchmal geschieht es, dass ich aufhorche, wenn ein Wort mich trifft, das die Wahrheit sagt, die Töne der Musik wie ein Schauer über meinen Rücken perlen, mein Herz brennt.

Immer bleibt es geheimnisvoll, wenn ich bewegt werde. Nie ist es eindeutig, ob oder wie Gott in meinem Leben wirksam wird.

Die Bibel beschreibt solchen Moment mit dem Bild vom brennenden Dornbusch (Ex 3).

Innehalten
Die Feuerwehr rückt nicht erst aus
Pyromanen werden beschämt
das Wasser bleibt gelassen im See

Streichhölzer vermeiden unnötige Reibung
Blitze zucken zurück
der Donner grummelt wohlig
Kerzen sorgen sich nicht um ihre Haltung
Nur der Salamander feiert seinen Triumph in schwarz-gelb
denn
das Feuer brennt freundlich
und die Dornen am Busch werden schön
Rosen blühen auf aus der Glut
Holger Treutmann

Was bewegt Sie? Wann haben Sie zuletzt
einen brennenden Dornbusch erlebt?

Gottes Zeit feiern – konkret

Beate Hofmann

Ich beneide Gott. Er vollendet sein Werk und dann ruht er aus. So würde ich auch gerne schaffen.

Doch meine Realität sieht meistens anders aus. Egal ob große Projekte oder der tägliche Kleinkram in einer Familie – selten kann ich ein Werk vollenden. Meistens muss ich die Notbremse ziehen und mir sagen, jetzt ist es genug. An der Stelle mache ich einen Punkt. Und häufig steht dann auch schon der nächste Termin, die nächste Aufgabe vor der Tür. Etwas zu einem guten Ende bringen, dann innehalten, ruhen und feiern, was gelungen ist – das ist der seltene Idealfall. Vermutlich geht es vielen Menschen so, denn die Regale mit Ratgeberbüchern zum Zeitmanagement sind voll, und Seminare, die uns helfen achtsamer mit unserer Zeit umzugehen, sind schnell ausgebucht.

Gottes Zeit feiern sagt sich so einfach. Haben wir die gleiche Zeitrechnung? Sehr unwahrscheinlich. Was ist denn Gottes Zeit? In unserem Kulturkreis denken viele dabei an den Sonntag. Juden feiern den Sabbat. Also ist Gottes Zeit vielleicht anders zu verstehen. Meint es die Zeit, in der ich meine Zeit als eine von Gott gegebene Lebensspanne begreife? Dann ist damit nicht nur der Sonntag, die Zeit des Gebetes oder der Andacht gemeint. Gottes Zeit ist die Zeit, in der ich innehalte, den Atem spüre, der übrigens ganz ohne mein Zutun fließt, und mich darauf besinne, dass ich feiern kann, einfach am Leben zu sein.

In solchen Mikro-Auszeiten nehme ich deutlicher wahr, wo ich bin und wer ich bin oder mit wem ich zusammen bin. Ich steige mit meinen Gedanken aus dem ständigen Vorausplanen oder Reflektieren aus und bin einfach nur da. So wie an diesem erinnerungswürdigen Sommertag in unserem letzten Urlaub.

Wir waren mit dem Kanu unterwegs. Es regnete. Und das ist noch untertrieben. Es schüttete. Zum Glück gab es am Ufer eine alte, leerstehende Blockhütte. Sie war rustikal, die Fenster mit Spinnennetzen dekoriert, und es roch etwas muffig, als wir die Tür öffneten. Aber der eiserne Ofen verströmte, einmal befeuert, herrliche Wärme, und unter dem Vordach konnten wir sogar sitzen, ohne nass zu werden. Es gab nichts zu tun. Wir hatten einfach nur Zeit. Saßen da, in Gedanken versunken, schauten den Regentropfen zu und hatten weder Langeweile noch schlechte Laune. Es war gut so.

Ich habe auf solchen Touren immer mein Notizbuch dabei. Heute lese ich gerne, was ich dort geschrieben habe: „Zeitfülle bedeutet, du hast Zeit und Freiraum, und dann überlegst du dir, was du gerne machen möchtest. Zu Hause ist die Liste der Dinge, die ich tun möchte oder tun muss, so lang, dass meine Zeit verplant ist, bevor ich ihre Fülle überhaupt wahrnehme. Dabei ist es die gleiche Zeit, nur ich bin anders." An diesem Regentag ist es mir gelungen, Pläne loszulassen und ganz in der Gegenwart zu sein – entschleunigt, dankbar und voll innerer Ruhe. Eine göttliche Zeit.

Nach dem Urlaub habe ich mir ganz besondere Uhr gekauft. Der österreichische Künstler Leo Zogmayer, verantwortlich für den Umbau des Berliner Doms, hat sie entworfen. Das schlichte weiße Ziffernblatt hat keine Einteilung. Die silbernen Stunden- und Minutenzeiger bewegen sich scheinbar frei um eine Mitte. In ihr steht in klaren Buchstaben JETZT. Immer wenn ich auf die Uhr schaue erinnert sie mich daran, einen Moment innezuhalten – zwischen den Sitzungen, Terminen, Begegnungen oder Wäschebergen, um meine von Gott geschenkte Zeit zu feiern. Ich muss nicht erst eine Sache zu Ende bringen, um mir Pausen zu gönnen. Mitten in meinem Alltag will ich feiern und mich unterbrechen lassen, denn die Welt hängt nicht von meinem Schaffen ab. Gott sei Dank!

Drei Coaching-Tipps, um Gottes Zeit zu feiern
• Schaffen Sie sich eine Zeit, in der Sie das Geschenk des Lebens feiern. Dies kann der Sonntagmorgen in

Gemeinschaft mit anderen sein, aber es kann auch ein Zeitfenster sein, das zu Ihrem Tagesablauf besonders gut passt. Warten Sie nicht auf die Pause, sondern gönnen Sie sich diese proaktiv von sich aus.

- Psychologen und Ärzte betonen, dass wir Unterbrechungen brauchen. Pausen sind lebenswichtig. Wie sieht Ihre Pausenkultur aus? Probieren Sie, sich während der Arbeit einen Wecker zu stellen, so dass Sie einmal in der Stunde eine kleine Pause einlegen, aus dem Fenster schauen, etwas trinken und sich bewegen.

- Wer es lernt, auf den Klang der Glocken zu hören, der kann sie als einen guten Zeitgeber für Auszeiten im Tagesverlauf nutzen und als Zeit Gottes bewusst nutzen. Vielleicht gewöhnen Sie es sich an, das mittägliche Läuten als eine Zeit der Stille zu gestalten, in der Sie nicht ans Telefon gehen oder das Handy stumm schalten, um einmal nach innen zu hören.

AUSZEIT

Morgens um sieben steht Gott in der Tür und fragt: „Was machen wir heute?" Aber Herr M. winkt ab: „Ich bin so müde, mach nur allein." Gott sieht ein bisschen enttäuscht aus: „Jetzt habe ich draußen die ganze Welt aufgebaut, komm schon! Schlafen kannst du, wenn du tot bist!" Doch da muss Herr M. widersprechen, was er nicht oft tut. „Aber Schlaf", sagt er, „Schlaf kennst du eben nicht, denn du schläfst und schlummerst nicht. Schlaf ist das zweitschönste Ding direkt nach der Liebe: Es kommt noch vor Zartbitterschokoladeessen oder Katzenkraulen; es ist ein wenig besser, als sich in ein Buch zu versenken, und vielleicht sogar besser, als in der Sonne zu liegen. Wobei das gut zusammenpasst – Sonne und Schlaf." Da knipst Gott die Sonne an, und Herr M. rückt die Kissen zurecht, und sie dösen vor sich hin und haben einen sehr vergnüglichen Vormittag miteinander.

Susanne Niemeyer

Welche Dinge gehören für Sie zu einem gelungenen Sonntag – schlafen, in der Sonne dösen, Katzen kraulen?

DEIN REICH KOMME

Der Winter ist vorbei. Die Sonne steigt höher und ich bin frei. Die Mühle halte ich an, stehe auf vom Sitzplatz im Büro und gehe hinaus mit Vergnügen, mit großem Atem. Vielleicht nur zehn Minuten. Aber lange genug, um Augen, Ohren, Nase und Mund zu öffnen. Frühling! Alle Türen und Fenster gehen auf. Ich lasse sie offen, betrachte die hellgrüne Knospe eines Blattes. Ich ahne und wundere mich, wie viel Kraft in der zarten Knospe steckt. Der frische Duft der ersten Blumen steigt in die Nase. Ein Vogel singt. Ich will hören, wie das Lied des Lebens klingt.

Ich habe geträumt, der Winter wäre vorbei. Es war Friede unter den Menschen und Gerechtigkeit, auch mit der Natur. War das das Paradies? Ist das Dein Reich? Ich will es hören, schmecken und tun. Meinen verdammt kleinen oder vielleicht doch nicht so kleinen Teil dafür tun. Für Dein Reich komme. Die Knospe, die Blume, der Vogel mit seinem Gesang – diese Boten sind schon da. Ja, jetzt, mitten in Deiner Zeit.

Gunhild Seyfert

Autorinnen und Autoren

Christina Aus der Au, *Prof. Dr., ist Theologische Geschäftsführerin am Zentrum für Kirchenentwicklung der Universität Zürich. Sie ist Mitglied im Verwaltungsrat der Alternativen Bank Schweiz und im Vorstand des Evangelischen Kirchentages. Christina Aus der Au lebt mit Mann, Tochter und Kater im Thurgau und übt gerne mal etwas Neues.*

Brigitte Becker, *geboren 1968, ist seit mehreren Jahren Theologin der Zürcher Kirche mit Schwerpunkt „Spiritualität" und arbeitet als Gemeindepfarrerin in Zürich. Sie entwickelt und erprobt mit anderen vor allem die Nähe zwischen Kunst und Spiritualität. Sie ist Kirchenclownin und Playing Artist und liest sehr gern immer wieder neu in der Bibel.*

Christian Behr *ist seit 2012 Superintendent von Dresden-Mitte. Sein Einsatz gilt dem Frieden, der Gerechtigkeit und der Bewahrung der Schöpfung — auch konsequent gegen Menschen und Strukturen, die das mit Füßen treten wollen. Er ist verheiratet und Vater von drei erwachsenen Töchtern.*

Christiane Birgden *ist aufgewachsen in den Wiesen und Wäldern des Bergischen Landes. Sie hat Evangelische Theologie in Heidelberg, Berlin, Tübingen, Wuppertal und Bochum studiert – mit dem Schwerpunkt Jüdische Studien und Systematik. Nach dem Vikariat und Probedienst in Köln arbeitet sie als Autorin und zehn Jahre lang als Sprecherin von „Kirche in 1Live". Seit 2005 ist sie Gemeindepfarrerin in Hürth.*

Susanne Breit-Keßler *ist evangelische Theologin, Journalistin und Autorin zahlreicher Bücher. Seit 2001 ist sie Regionalbischöfin für München und Oberbayern; seit Dezember 2003 Ständige Vertreterin des Landesbischofs. Im Magazin chrismon schreibt sie als ständige Kolumnistin über Gott und die Welt.*

Siegfried Eckert *studierte Evangelische Theologie in Neuendettelsau, Bonn und Tübingen und arbeitet als Gemeindepfarrer in Bonn. Er ist seit vielen Jahren Synodalbeauftragter für den Kirchentag, Landessynodaler der Evangelischen Kirche im Rheinland und Vorsitzender der Gesellschaft für christlich-jüdische Zusammenarbeit e. V. in Bonn. Siegfried Eckert lebt mit seiner Familie in Bonn.*

Christian Engels *ist Pfarrer und Senderbeauftragter im Gemeinschaftswerk der evangelischen Publizistik für das Privatfernsehen, die Deutsche Welle und Phoenix. Davor war er Dramaturg für ZIEGLER Film, Autor für die Stiftung zur Bewahrung kirchlicher Bauwerke in Deutschland, Statist im Staatstheater Wiesbaden und Nachtportier in mehreren Hotels. Er ist Autor regelmäßiger*

Beiträge in FFH und rbb und lebt mit seiner Frau und Tochter in Berlin.

Kirsten Fehrs   *ist seit 2011 Bischöfin im Sprengel Hamburg und Lübeck der Evangelisch-Lutherischen Kirche in Norddeutschland. Geboren 1961 im schleswig-holsteinischen Wesselburen, studierte sie Evangelische Theologie in Hamburg. 2015 wurde Fehrs in den Rat der EKD gewählt. Sie engagiert sich u. a. für den Dialog der Religionen.*

Joachim Gerhardt,   *geboren 1967 in Göttingen, lebt heute mit seiner Familie in Bonn am Rhein. Dort ist er Pfarrer an der Luther-kirche in der Südstadt und Pressepfarrer des Kirchenkreises Bonn. Chefredakteur der Zeitung PROtestant – Evangelische Einblicke. Er ist als Publizist und Lehrbeauftragter an der Evangelischen Fachhochschule Rheinland-Westfalen-Lippe in Bochum tätig und ist mit Beiträgen und Andachten auch immer wieder im Radio zu hören (WDR und Lokalradio NRW).*

Ralf Günther,   *1968 geboren, von Haus aus Handwerker, stu-dierte und promovierte in Amsterdam und Leipzig. Wo er 1989 stritt und betete, darf er heute Gemeindepfarrer sein. Seine Frau und er leben in Leipzig und haben eine Tochter. Als Supervisor ist ihm ein reicher Schatz an Erfahrungen in der Sorge um die Seele zugewachsen. Ihm liegt die Begegnung und Kommunikation zwi-schen Menschen unterschiedlicher Lebenswelten am Herzen.*

Katrin Göring-Eckhardt   *ist Fraktionsvorsitzende von BÜND-
NIS 90/DIE GRÜNEN im Bundestag. Sie ist seit 1998 Bundestags-
abgeordnete. 2011 war sie Präsidentin des Evangelischen Kirchentages in Dresden und von 2009 bis 2013 Präses der Synode der
Evangelischen Kirche in Deutschland.*

Enno Haaks,   *Jahrgang 1963, leitet seit 2010 als Generalsekre-
tär das Gustav-Adolf-Werk e. V. (GAW) – Diasporawerk der Evangelischen Kirche in Deutschland. Er stammt aus Schleswig-Hol-
stein, studierte in Kiel und Erlangen Theologie und war danach
zunächst Pfarrer in Pinneberg. Von 2001 bis 2009 war er Geistli-
cher der zweisprachigen evangelisch-lutherischen Versöhnungs-
gemeinde in Santiago de Chile.*

Beate Hofmann   *ist Autorin, Dozentin am Institut für berufs-
begleitende Studien der Evangelischen Hochschule Moritzburg
und Life-Coach. Gemeinsam mit ihrem Mann führt sie die „hope
& soul company“. Hier inspirieren beide als Vortragsredner und
Coaches Menschen, Verantwortung für ihre Gesundheit und eine
gelingende Lebensbalance zu übernehmen.*

Eva Jung   *arbeitet als Kommunikationsdesignerin und Autorin
in Hamburg. Sie ist Mitglied im Art Directors Club Deutschland,
Initiatorin von godnews.de, Gründerin und Geschäftsführerin von
gobasil.com. Eva Jung ist verantwortlich für international ausge-
zeichnete Bibelausgaben und erfolgreiche Kampagnen – sowohl
für kirchliche Einrichtungen als auch für namhafte Wirtschafts-
kunden.*

Ilse Junkermann   *ist seit 2009 Landesbischöfin der Evangelischen Kirche in Mitteldeutschland. Sie wurde 1957 in Dörzbach/ Jagst geboren und studierte Evangelische Theologie in Tübingen und Göttingen. Nach ihrer Tätigkeit als Gemeindepfarrerin war sie Studienleiterin am Pfarrseminar in Stuttgart-Birkach und war als Dezernatsleiterin im Oberkirchenrat in Stuttgart tätig.*

Margot Käßmann,   *Prof. Dr. theol., ist seit 2012 Botschafterin der EKD für das Reformationsjubiläum 2017. Sie ist Mutter von vier erwachsenen Töchtern und eine vielgelesene Autorin.*

Henning Kiene   *ist langjähriger Inselpastor auf Amrum, Propst in Dithmarschen, Autor und Sprecher für Kirchensendungen im NDR und im Podcast „Religion für Einsteiger" des Magazins chrismon. Er ist Pastor für das Reformationsjubiläum 2017 im Kirchenamt der EKD.*

Eduard Kopp   *ist Diplom-Theologe und beim Magazin chrismon leitender Redakteur Theologie. Er studierte Politik und Theologie und kam über die freie Mitarbeit beim SWR zum „Deutschen Allgemeinen Sonntagsblatt" nach Hamburg. In der chrismon-Redaktion ist er u. a. verantwortlich für die Essays, für „Religion für Einsteiger" und „Vorbilder".*

Marion Küstenmacher   *ist Autorin von über 30 Büchern mit den Schwerpunkten Lebenshilfe, Bewusstseinswandel, integrale Spiritualität und Mystik. Sie hat in München und Tübingen Evangelische Theologie, Germanistik und Philosophie studiert. Viele*

Jahre war sie als Verlagslektorin und Redakteurin an der Schnitt-stelle zwischen Spiritualität und Psychologie tätig. Sie ist verhei-ratet mit dem Autor und Pfarrer Werner Tiki Küstenmacher und Mutter von drei Kindern. Marion Küstenmacher lebt in der Nähe von München.

Christine Lieberknecht *ist Ministerpräsidentin des Freistaa-tes Thüringen a. D. Geboren 1958 in Weimar, studierte sie Evan-gelische Theologie und war zunächst als Pfarrerin im Kirchenkreis Weimar tätig, bevor sie 1991 in die Politik ging. Von 2009 bis 2014 war sie Thüringer Ministerpräsidentin.*

Susanne Niemeyer *ist freie Autorin, Kolumnistin und Blogge-rin (www.freudenwort.de). Davor war sie mehrere Jahre Redak-teurin bei „Andere Zeiten". Sie lebt und schreibt in Hamburg.*

Gunhild Seyfert *ist Journalistin und Autorin. Sie studierte Kommunikations- und Politikwissenschaft in München und Berlin sowie Psychologie in Osnabrück. Zudem ist sie Absolventin der Deutschen Journalistenschule. Sie lebt und arbeitet in Osnabrück und schreibt zu Themen aus Politik und Umwelt, Religion und Spiritualität. Sie engagiert sich im Bereich Meditation, gibt Kur-se zur Übung der Achtsamkeit und ist Vorsitzende des Loccumer Arbeitskreises Meditation.*

Christoph Sonntag *ist Radiostar, Kaberettist und Buchautor. Jeden Freitag sieht man ihn gegen 19.28 Uhr in der SWR-Landes-schau mit seiner Glosse „Sonntag am Freitag". Er betreibt ehren-*

amtlich eine gemeinnützige „Stiphtung Christoph Sonntag", die vorwiegend ökologische und soziale Projekte stemmt. Informationen unter www.sonntag.tv.

Holger Treutmann ist Senderbeauftragter der Evangelischen Kirchen beim MDR. 1963 in Springe bei Hannover geboren, studierte er Evangelische Theologie in Bielefeld-Bethel, Göttingen und Berlin. Nach Pfarrstellen bei und in Chemnitz war er von 2005 bis 2016 Pfarrer an der Dresdner Frauenkirche.

Fabian Vogt, Jahrgang 1967, ist Pfarrer, Schriftsteller und Künstler. Er hat Theologie, Germanistik und Gesang studiert. Heute arbeitet er als Projektleiter für das Reformationsjubiläum und als Radiopfarrer bei hr3. 2001 gewann er den „Deutschen Science Fiction Preis". Außerdem schreibt der promovierte Theologe Romane und kurzweilige Sachbücher zu geistlichen und gesellschaftlichen Themen – wenn er nicht gerade mit der Kabarettgruppe „Duo Camillo" deutschsprachige Bühnen unsicher macht.

Martin Vorländer ist Pfarrer und arbeitet als theologischer Redakteur im Medienhaus der Evangelischen Kirche in Hessen und Nassau in Frankfurt am Main. Berufsstationen davor waren in München, Istanbul und Mainburg in Niederbayern. Ein Fan von „7 Wochen Ohne" ist er spätestens seit 2008. Das Thema „Verschwendung! 7 Wochen ohne Geiz" fand er einfach gut – und macht seitdem Jahr für Jahr bei „7 Wochen Ohne" mit.

Burkhard Weitz   *ist chrismon-Redakteur und verantwortlich für die Abo-Ausgabe chrismon plus. Er studierte Theologie und Religionswissenschaften in Bielefeld, Hamburg, Amsterdam und Philadelphia. Er ist ordinierter Pfarrer, Journalist und Autor zahlreicher Bücher.*